歲月漫長

─ 你要閃閃發光 ─

沈善書 著

學會在愛與被愛裡找到平靜和力量，
共同擁抱生命中的每個瞬間

在生命深處迴響的不只是過往的回憶，還有從未說出口的話語，
學會傾聽心靈的聲音，那些關於愛、失去、尋找的故事，
練習放下、擁抱當下，並在旅程中找到真正的自我！

目錄

◆ Part 1　總有一個人陪你從年少走到年老

目錄

◆ Part 4 你年紀輕輕，應該拚盡全力去生活

目錄

目錄

Part 1

總有一個人陪你從年少走到年老

妳貌美如花，不只是為了取悅他人

01

前幾天，和朋友玉子一起喝咖啡。我說：「妳最近每天出門都穿新衣服，到底買了多少衣服？」她一邊整理頭髮，一邊告訴我：「你難道沒發現今年的我變漂亮很多嗎？那些舊的衣服配不上現在貌美如花的我。」

有些女孩買買買不是因為虛榮心，而是真的想好好打扮自己，尤其是我身邊那些單身的女孩。她們不會因為單身沒對象而邋裡邋遢地出門，她們相信只有打扮得漂亮，好運才會發生在自己的身上，遇見男神的機率也可能會增加。

在很多女孩的觀念裡，只有談戀愛期間才需要把自己打扮漂亮給男友看，如果單身就不會花時間好好打扮自己，因為打扮漂亮了也沒人欣賞。結婚以後則更不用說，可以幾天不洗頭髮，也可以穿著睡衣拖鞋蓬頭垢面地出門買菜，甚至可以為了幾毛錢的菜價叉腰與攤販討價還價。

朋友玉子是我認識的女性朋友中最喜歡打扮自己的一個。她會研究什麼樣的衣服適合戴什麼樣的耳環，擦什麼色號的口紅，畫什麼形狀的眉毛。大概由於玉子在幼稚園當老師的緣故，她對待化妝與對待自己的工作一樣，都抱有極大的熱情和耐心。

我問過玉子：「為什麼妳單身了一年多沒去找男友？」她瞟了我一眼，酷酷地說：「我想用單身期間提升自己。」的確，現在行為浮誇的男人太多，她不想要那種玩玩而已的戀愛。她理想中的男友要陽光開朗，要熱愛生活，更要有一顆積極上進的心。玉子找對象的眼光雖然高，但那是因為她本人也是一個積極努力的陽光女孩。

02

女孩，在妳的蓋世英雄尚未駕著七彩祥雲到來前，妳要好好照顧自己，把自己變得更加美好和優秀。當妳參加同學聚會時可以不用忍受別人的白眼，當妳靠自己的能力買東西時可以驕傲微笑，當妳在職場上一路前進時可以活出自己的精彩。

玉子雖然是單身，但她懂得愛自己，她說只有漂亮的自己遇見白馬王子的機率才會提高。她把自己打扮得漂漂亮亮，就是不想辜負現在所處的時光。

在愛情這方面，活得自在便是玉子在單身期間所遵循的法則。她不想自己在貌美如花的年紀，把時間大把大把地耗費在如何吸引男人的目光、如何才能找到高富帥、如何才能快點與白馬王子相遇這類問題上。

她不去糾結愛情。現在的她要做的，就是讓自己活得獨立且美麗，然後，把自己打磨成一顆鑽石，靠自己的光芒吸引對的人到來。

當一個女人不但漂亮而且有才，自然會有男人爭著來找妳。玉子在工作上很努力，她告訴我，幼師這個職業不僅什麼都要懂，還要非常喜歡小朋友、非常有耐心才行。她本身就很喜歡小孩子，想在幼師這個行業做出一番自己的成績，利用單身期間好好地提升自己，不會因為寂寞而委曲求全，隨便找個男人談戀愛，然後完全依附在男人的身上。

在玉子看來，女人不是男人的附屬品，也不需要靠其他物質來襯托。女人就是一個獨立的個體，只有當自己散發光芒時才能吸引對的人到來。所以，妳想在單身期間變得優秀很簡單，用遠大的目標給予自己希望，以三天、一週、半個月的小目標給予自己信心，激勵自己不斷前進。

這個世界從不缺美女，但缺少能夠做自己的女孩。也許有美貌、有才情、有能力的人數不勝數，但活得獨一無二，活得不盲目、不攀附、不隨波逐流的女孩卻屈指可數。當一個女孩自身美麗且優秀，自然能夠吸引與妳勢均力敵的人陪妳仗劍走江湖。同時，妳也能為對方增添奪目的光芒。

03

玉子身邊有的朋友早早地結了婚，等到她們結婚後才發現，婚姻生活並沒有達到自己理想中的樣子。這些女人向男人伸手要錢買衣服時，男人會說「敗家」；當她們努力去工作時，婆婆會勸她們別把心思耗費在工作上，要多陪伴孩子、多打理家庭。

為什麼？因為這類女人不敢做自己，或者說，不敢去嘗試青春的更多可能。那些抱怨生活過得單調的人，完全可以在工作之餘培養自己的興趣愛好，從生活的細微之處發現美。影星鞏俐說：「我不覺得女孩子有了美貌就擁有一切，如果沒有工作能力，很快就會枯萎。」

那些認為結婚生子後就得聽天由命的女人，如果妳真的不去認真工作努力賺錢，一旦生活發生變故，那妳真的可能得任由命運擺布了。妳要知道，一個積極努力並且志氣遠大的女孩從不蠻橫，她們只是不想一味地去攀附男人、取悅男人。她們努力工作賺錢，為了自己賺錢買花戴，同時與男人一起為家庭奮鬥。

當一個女人足夠優秀足夠耀眼時，不管別人對妳做出任何評價，妳都可以不用回頭繼續大步向前走。只有走在妳身後的人才會對妳指指點點，走在妳前面或者與妳一同奔跑的人，都在忙著變得更優秀，忙著努力去過理想中的生活，忙著成為更好的自己。

二十歲出頭尚且處於單身的女孩們，與其一門心思糾結如何才能找一戶「好人家」，不如讓自己成為一顆散發光芒的星星，讓優秀的人自然地被妳的才貌所吸引。

那麼，怎樣才能讓自己成為「星星」呢？那便是堅持去做自己擅長的事情，發展自己的愛好，從日常的工作與生活中找到有價值的地方做出成績。因為，妳的能力就是妳任何時候都能屹立不倒甚至東山再起的底氣。

戀愛時的窮，是最好的增值期

01

高中同學笑笑準備在今年春節後結婚。前幾天她約我出去喝咖啡，順便拿請柬給我。那天，笑笑依舊和高中時的她一樣，穿著樸素，性格開朗。見面後，我開玩笑說：「都已經成『阿姨』輩的人了，發了薪水，無論如何也得買一兩件品牌服飾犒勞犒勞自己。」她笑著說：「還是能節約時就節約，以後買奶粉和尿布都很貴。」

笑笑告訴我，現在她和王同學存了一筆錢，已經有結婚基金了。聽見笑笑這樣說，我也感慨她和王同學的不容易。

笑笑和王同學都來自小城市的普通家庭，兩人在大學裡相識，畢業後一起去外地工作。笑笑在大學裡很努力，她成績優異拿到了獎學金，還積極參加各種活動拓展人脈，也利用週末時間去餐廳打工、推銷飲料或是發傳單。王同學也有生意頭腦，在大學裡和別人合夥做小生意，週末則會去打零工。總之，兩人都是見縫插針式地賺錢，因為成長環境告訴他們，不努力就不會改變貧窮的狀況，但如果打拚，也許能有機會改寫命運。

窮並不可怕，就怕窮了還不去努力，為自己的懶惰找藉口。戀愛期間的妳可以窮，但決不能缺少一顆積極奮鬥的心，因為上進心有時候比成功更加重要。

小倆口剛剛工作時由於薪水低，每天都省吃儉用，盡可能少買衣服，為將來結婚存錢。其實雙方父母都暗示過小倆口不用太拚，能吃飽就好，父母也會出力幫助他們。

但笑笑和王同學並沒有這麼想。在他們的眼中，父母的養老金不能動，結婚的房子得靠兩個人共同打拚。幸好他們的家鄉是小城市，房價也不算太高，兩人工作沒多久後又回到了家鄉。笑笑在私人公司上班，週末會去街上擺地攤賣衣服飾品，王同學則做銷售。雖然很辛苦，但兩人為了婚後美好優質的生活，都在咬緊牙關努力打拚。

從笑笑和王同學認識到現在，我見證了他們打拚的歷程。談戀愛期間的他們雖然過得貧窮辛苦，但苦中有樂，因為有自己愛的人一起為未來奮鬥。他們都是吃過苦的人，那麼拚命為婚後生活努力，就是因為明白婚姻和孩子都需要強而有力的物質基礎作為保障。

02

新年將至，家人已經開始對我進行催婚。每當我說我想先奮鬥、存一點錢，等到三十歲再考慮結婚時，我奶奶總會罵我「不孝」。她會列舉很多例子告訴我：「你看別人家的孩子，長相也不出眾，家庭條件也不好，但人家二十三四歲就結婚了。」而我都二十六歲了還不交女朋友，一心想著賺錢，「你就是再怎麼努力也比不過出身好的孩子，不如安於現狀。」

但我並不贊同家人的看法，畢竟每個人的成長環境都不盡相同。我父親在我十歲那年去世，而後我經歷了很多不愉快的事情，也是這樣貧窮的經歷讓我相信，努力奮鬥才是活得自在的前提。

然而，每當我提出先賺錢再考慮找對象的問題時，家人總會這樣說——

大姑：「貧窮才能檢驗真愛。」

奶奶：「你不結婚就是不孝。」

我媽：「錢是賺不完的，該結婚時就得結婚。」

表姐：「你是不是生育能力有問題不好意思說？」

難道，婚姻就只是必須要去完成的一道「程序」或是一個「任務」，是為了滿足周遭人的心願而不得不全力配合的表演嗎？我想，結婚的前提是彼此真心喜歡，而不是因為「比你年紀小的都結婚了，你也應該結婚了」之類的理由。

在我所見的婚姻裡，有物質基礎的婚姻可以讓家庭生活的品質變得越來越好，可謂是如虎添翼。而沒有經濟保障的婚姻，兩個人則要勞累辛苦，每日為了家庭和孩子奔波。我受過貧窮的折磨，我不想將來自己的另一半吃不好穿不暖，更不想讓孩子跟著我們受苦。

雖然說做人要學會知足常樂，但是對於我們這一代人來說，婚姻成本很高，結婚不僅僅是兩個家庭的事，更牽扯到下一代。如果因為父母的貧窮導致孩子無法擁有更加優渥的成長環境和學習條件，我會感覺自己對孩子造成了虧欠。

03

從小央央和我說，她想嫁給愛情，但她不知道現在選擇的這個男人值不值得自己去愛。聽了她的故事後，我發現她現在擁有的就是愛情。

央央和男朋友大斌經朋友介紹認識，央央在美容院上班，大斌則是送外賣的外送員。剛開始時，央央害怕大斌不能帶給自己幸福。她想找一個有事業心的男人結婚，自己也存了一筆錢，希望婚後兩個人可以共同努力創造美好生活。然而，自從她看見大斌每天起早貪黑地工作，還省吃儉用把錢交給她存著，央央很快便打消了這樣的疑慮。

讓央央再次感到惆悵的是，她理想中的愛情不應該這麼辛苦，應該是美好而無憂無慮的。現在兩人每個月咬牙存錢，讓她害怕結婚後的日子會不會突然發生變故。我告訴她：「妳現在擁有的便是很可靠的愛情。妳願意在男人貧窮時陪他吃苦，他願意努力賺錢為將來累積資本，這些都足以證明這個男人值得妳去依靠。」

很多人說「男有房」是婚姻的潛規則，但在我看來，並不是所有人都會為婚姻明碼標價。那個正在陪你為生活打拚的女孩，她不會欺你少年窮，只怕你不懂得奮鬥的重要性。

男人們請記住，愛一個人不單單只是給她安全感，更要給她看見未來的希望和撐起家庭的信心。有些女孩子並不怕陪你在貧窮的年紀吃苦，就怕你明明知道窮卻不去打拚不去努力，整天抱怨父母沒給你好的出身環境，抱怨女朋友不努力工作只知道穿著打扮。

04

年輕時自己窮，不怕，正是幹勁十足的年紀，有的是時間與機會為美好的生活打拚。戀愛時窮也沒關係，大不了兩人蝸居在小小的套房裡，工作一天後抱在一起看看電視，第二天就能滿血復活，繼續為未來努力。但你要知道，婚姻裡的貧窮很有可能會讓感情漸生嫌隙，讓彼此互相埋怨、不斷爭吵，讓生活越來越困頓。

無法確定心意的女孩子們，並不是所有的窮小子都不值得妳嫁。那個願意在戀愛期間為婚姻奮鬥的男人同樣可靠。而一個有錢人即使給了妳快樂，假如他只知道揮霍，這樣的感情也岌岌可危。

咬緊牙關努力的男孩子們，別總是抱怨女人愛錢。不是女人愛錢，而是在安全係數低的感情世界裡，經濟條件有時候比感情更能給女人安全感。

電視劇裡童話般的愛情，終究不能搬到普通人的生活裡。調整好自己的心態，男人別以窮來否定自己、怨天尤人，女人也別用「錢是安全感」這樣的說辭來遮掩自己的虛榮心。你要知道，成年人的感情裡，除了看真心，還要權衡利弊。

女人可以不漂亮，但一定要有「嫁值」

那些內心強大、精神豐富、活得豐盛的女人，從來不會因為年齡而困擾。女人年輕時的努力與優秀，在婚後會蛻變成優雅和從容。她們不會因為外界對自己貼的標籤而限制住自己，反而活得更加閃耀，從小女生的天真活潑一步步走向「辣媽」的儀態萬千。

前幾天和小藝以及她的朋友在外面拍照，上午拍完後下午便坐在咖啡館閒聊。小藝準備在今年結婚了，我們聊的話題自然圍繞她展開。聊著聊著，小藝問：「我有點惶惑，不知道二十六歲結婚好不好。你覺得女人什麼時候結婚比較好？」

聽完小藝的話，我「撲哧」一笑：「為什麼要別人覺得自己什麼時候結婚比較好呢？」小藝說，她身邊的朋友、同事、家人都覺得女人在二十五歲結婚然後生孩子最好。

我問小藝：「那妳覺得妳二十六歲結婚好嗎？」她笑了笑說滿好的，這時她與老公的心智都更加成熟，更有能力和資本去抵擋生活中的風風雨雨。

小藝的朋友曦曦說她也是在二十五歲後才結婚的。現在的她三十歲，外表看起來很年輕，工作上也很有能力，最近有辭掉工作自己做生意的打算，因為她已經累積了足夠的資金。

談起當初各種被催婚的往事，曦曦說親戚們都希望她不要一心發展事業，趕緊嫁出去。女人太優秀了沒人要，活得比男人還強的女人就是「男人婆」。還有人告訴曦曦，住在小城鎮的女人不要太過爭強好勝，二十歲出頭時找個人嫁了，安安心心地上班帶孩子最好。三十歲以後才談結婚適合在大城市打拚的女人，這些女人有本錢，抓得住愛情和婚姻。

難道，女人的愛情與自我發展就得按照別人說的——「妳應該這樣」，而不能遵循自己的想法——「我就要這樣」去自由生長嗎？

曦曦說，她在大學裡有過一段失敗的感情，也是這段經歷讓她明白，沒有本錢的女孩失戀後只能哭哭啼啼，而有本錢的女孩失戀後至少還可以安慰一下自己，也能讓自己去遇見旗鼓相當的另一半。

在這個時代，大家都在拚顏值比身材，其實這些外在的東西都有期限。真正的本錢是別人拿不走的本事與隨遇而安的淡然，還有臨危不懼的成熟和東山再起的勇氣，這些才是真正的了不起。

曦曦與男生是在一次聯誼活動中認識的。男生歌唱得好，還會彈吉他，當天他就唱了一首張學友的歌。曦曦主動要了男生的聯繫方式，因為她也喜歡張學友。

兩人聊了沒多久男生便主動向曦曦表白，她答應了。剛剛陷入愛河的曦曦認為有了承諾便有了保障，她相信畢業後男生就會娶她。世事難料，兩人在一起才半個學期，男生又對其他女生彈吉他唱歌、大獻殷勤。曦曦發現後哭鬧了好幾天，後來閨蜜安慰她：「既然愛情給不了我們安全感，那就努力學習讓自己變得更強大。」

大學畢業後，曦曦在一家媒體公司工作，當時的她一心想著要先在大城市累積經驗、開闊眼界、拓寬人脈，然後回到家鄉開一家咖啡館，過自己喜歡的生活。

工作後沒多久，家人開始詢問曦曦的感情狀況，勸她乾脆回家鄉工作方便相親，讓她別總以事業為重，家裡是小康家庭不缺錢。家人的話讓曦曦十分鬱悶，她向家人解釋自己努力打拚不是為了與男人爭高下，而是想要追逐自己的夢想，想要過自由自在的生活。

由於受不了家人的催婚，工作沒多久後曦曦便回到家鄉。家人讓她趕緊結婚生子，說過了二十幾歲的黃金時間會影響生育。她沒有聽從父母的要求，而是選擇遵從自己的內心，在愛情到來之前努力提升自己，這個過程其實也是在朝著對的人奔跑。

終於，在一次聚會中她遇見了現在的老公。兩人價值觀一致，他尊重她的努力，她在他面前小鳥依人，在外人面前則是活得獨立的「辣媽」。

婚姻裡，有人活得熱烈沸騰，有人活得冷清頹靡。一些女人試圖透過婚姻拯救自己，甚至把希望全盤寄託在婚姻裡，以為靠一份好的婚姻就能讓自己糟糕的人生徹底翻盤。而那些活得熱烈的女人，她們沒有讓婚姻捆綁自己，也沒有把全部的人生都寄託在婚姻當中，而是不斷地進行自我學習與成長。二十幾歲的女孩們，別再一心想著如何才能嫁得好。嫁得好與壞並不重要，重要的是無論妳過著何種姿態的生活，都要有讓自己驚豔綻放的資本。

鄒小姐是我的一位老師，結婚生子後的她沒有因為「女人就應該在家帶孩子，賺錢的事靠男人」這樣的話而放棄自己喜歡的舞蹈以及英語。她仍舊去教小朋友跳舞，仍舊在工作中爭取做翻譯的機會。

有時候，會在網路上看到她晒下午茶聚會的照片，照片上的女人個個妝容精緻、舉止優雅；有時候，她會晒跑步照片，晒工作收穫，也晒三口之家的幸福自拍；有時候，也會看見她出現在電視上。

好多女人結婚後便會被生活、年齡以及孩子捆綁住，日子只能圍繞著柴米油鹽、雞毛蒜皮的小事轉。

當初和鄒小姐聊天時，我問她有沒有因為家人的催婚而逼迫自己快點找對象結婚。鄒小姐笑稱自己也被家人催婚過，所幸父母還是尊重她的選擇與決定。但他們有個前提，就是無論單身還是結婚甚至是選擇不結婚，都得有讓自己過得快樂的資本。這個資本可以讓妳擁有隨遇而安的心態來應對生活的變化。

有人說，現在的男人對女人的要求太高了，尤其是結婚以後，既要妳好好帶孩子，又要妳能工作賺錢；既要妳化妝保持好身材，又要妳在外人面前打扮樸素；既要妳不能太黏人、要獨立一點，又要妳學會撒嬌、要小鳥依人。至少，我身邊好幾個年輕「辣媽」都有這樣的感慨：結婚後比不上談戀愛時的浪漫了。

我覺得二十幾歲這個年齡層正是女人自我充實、奮鬥的好時機。當妳在生活中有了隨遇而安的淡定，當妳在婚前足夠強大，婚後的妳便不會懼怕生活使出的任何招數，因為妳有見招拆招的本事。

如果妳還是單身，沒有必要浪費時間糾結於「嫁不出去怎麼辦」、「我想嫁給有錢人」、「我想快點擺脫『剩女』稱號找個愛我的人結婚」這些問題，妳應該好好照照鏡子看看自己，現在的妳有沒有讓自己活得精彩、過得不畏周遭聲音與眼光的資本？

如果沒有，請妳放下偏見，放下零食與肥皂劇，不要熬夜，不要吃垃圾食品，好好打扮自己，化精緻的妝容，穿漂亮的衣服去上班，好好工作，因為說不定妳的上班路上或是工作中就會有愛情的奇遇。

妳也別總是羨慕其他女人身上奪目閃耀的光芒，與其羨慕，不如讓自己也成為一團讓人感到溫暖的火或是一盞既照亮自己又給別人光明的燈。妳只有先擁有立足的資本，才能擁有談笑風生的淡然。

妳是女人，除了可以像梔子花一樣清雅幽靜，也可以像牡丹、玫瑰般高貴典雅。無論妳到了哪個年齡層，生活的好壞都無關別人對妳貼的標籤。年齡與生活不會套牢妳，能夠套牢妳的是妳自己的畫地為牢。出色的能力和過人的內在涵養是讓妳立足社會的資本。如果妳期待幸福的婚姻，這些便是妳尋找理想中另一半的「嫁值」。如果妳選擇了更少人走的那條路，它們則是讓妳可以堅持自己、不懼世俗目光的保護傘。

祝妳溫柔淡然，美好如初

01

一個名叫甜橙的女孩傳訊息問我：女人是不是都很容易被婚姻捆綁？

她二十四歲，突然害怕將來結婚後像身邊朋友那般，婚前是公主，婚後是主婦，變得不愛塗脂抹粉，也不愛做護膚做指甲，總是隨便穿件衣服就出門逛街。

她說身邊的朋友結婚生子後，大部分都把自己塑造成了家庭主婦形象，週末約她們出來喝下午茶也推託說工作忙沒時間，回家還要做一大堆瑣碎的事。就連一個婚前每天必須化妝的朋友，婚後也不再提起這件事，每天素顏上班，下班回家帶孩子。

很多原本可以活成「我就這樣」的女人，都變成了別人口中「妳應該接受現實」的家庭主婦，她們的工作、生活、婚姻都很枯燥。在她們看來，女人婚後就只能圍繞著家庭轉，不能散發自己的光芒了。

02

我有一個朋友晚晚，是一名酒吧駐唱，平日裡忙著自己的歌唱事業，週末陪孩子玩耍。在晚晚看來，結婚以後的自己並沒有被婚姻捆綁，反而越活越精彩。她會精心打扮自己，漂漂亮亮地抱著兒子出門逛街，儼然一副酷酷的「辣媽」模樣。

剛剛畢業時，晚晚白天在幼稚園上班，晚上在酒吧駐唱。那一段時間她過得很累，但是為了做自己喜歡的事也值得了，畢竟晚晚喜歡小孩子也喜歡唱歌，兩項事業都不想放棄。當然，最開始，晚晚的家人並不支持她去酒吧唱歌，認為她一個女孩子，在那種燈紅酒綠的場合待久了會招來非議。晚晚並不那麼認為，她的性格樂觀開朗，處世法則就是問心無愧。時間久了之後，晚晚的家人也慢慢能夠理解她，支持她在酒吧唱歌。可是幼稚園個別的家長知道她晚上在酒吧唱歌，開始戴著有色眼鏡看她，甚至在背後議論紛紛。

人生的選擇那麼多，晚晚最後選擇當一名專職酒吧駐唱歌手，她辭去了幼稚園的工作，一心投入到歌唱事業中。

晚晚很享受在酒吧駐唱的感覺。她喜歡無拘無束，喜歡活出自己的精彩，喜歡過得有趣一些。晚晚成為專職駐唱歌手後，把自己所有的熱情都投入進去，只為做出一點小小的成績，也是為了活出一個女人的多面性。

在酒吧這樣的場合唱歌，晚晚也遇到過刁難。有一次，晚晚連續幾天被一個客人為難，讓她反覆唱同一首歌。這個客人喝醉酒後故意扔掉她的麥克風，說她唱得不好。面對這種情況，晚晚並不膽怯，也不害怕自己是一個手無縛雞之力的女孩鬥不過別人。最後在旁人的勸說下，這個客人才罷休。

晚晚的朋友問過她：「為什麼妳可以活得那麼無所畏懼？為什麼妳生孩子當媽以後還能有時間打扮自己？」這類人一般都會抱怨自己工作辛苦，薪資待遇微薄，回家還要洗衣帶孩子，週末可能還要加班，實在是沒時間打扮自己。

有些女人愛打扮是為了取悅自己，而不是一心想著這樣穿男友或老公會不會喜歡。晚晚就是那種懂得取悅自己的女人，她精心打扮自己，既能在街上贏得回頭率，又能為她老公贏來掌聲。當他們兩人在一起時，別人總會羨慕他們的甜蜜。

在晚晚看來，打扮並不一定非得買奢侈品裝飾自己，她想做既可以華麗也可以樸素的女人，想用內在的能力滋潤自己，讓唱歌成為任何時候都能安身立命的資本。

女人最好的姿態，不是靠房子、車子、金子、男人來給自己安全感，為自己標榜優越。一個女人最了不起的姿態，是她們身上擁有獨立且強大的能力，這種能力能讓她們在任何一種生活環境裡，都擁有主動做決定的權力。

03

很多人覺得，生過孩子的女人就沒有魅力了。這是一種以偏概全的想法。我身邊有一些生過孩子的女人，她們又多了一種美麗，這種美不依託於年齡，而是一種由內而外散發的篤定。

晚晚有了孩子後，並沒有被婚姻和孩子捆綁，反而多了「辣媽」的稱號。她的身上多了一份淡然，多了一絲從容，多了一點對生活的熱愛。女孩們，妳要美，這種美能讓妳擁有鎮住全場的心態，讓妳擁有不向歲月低頭的驕傲，讓妳有力量去抵擋生活的兵荒馬亂。

在我看來，對於年輕「辣媽」的定義不再只是膚白貌美。除了外在的好看，內在的能力抵得了很多針玻尿酸，因為能力會讓妳一直保持活力，沒有歲月的限制，會給妳力量並告訴妳：別怕，妳有本錢和能力來領教生活出的各種狠招。

妳要學會寵愛自己，但這種寵愛不是一味地買買買，也不是去與男人分高低比輸贏，並以此來獲得滿足感，而是讓自己活得不患得患失，不呼天搶地，不懼怕年齡的增長，更不靠取悅獲得愛情。

影響一個女人婚後生活過得好或壞的，不是嫁得如何、工作如何、長相如何，而是自己選擇的生活姿態。如果妳選擇如花綻放，那麼肯定能夠驚豔四方；如果妳選擇得過且過，那麼妳自然難以抵禦無情歲月帶給妳的衰老、滄桑和變化。

女人最大的敵人，不是催人老的時間，而是自己對自己設立的諸多限制。如若妳選擇善待自己，必然會變得越來越美好、灑脫；如若妳選擇愁眉苦臉、自怨自艾，那就別怪歲月無情。

01 結婚無關早晚，只有彼此合適

我們翻山越嶺去尋找那個可以結婚的人。我們見過大海與山川，忍過最難捱的時光，然後才恍然大悟，原來美好一直在身邊，只是我們將眼光放得太高，總認為最具生命力的東西一定在遠方，忘記了身邊也有正在蓬勃生長的事物。

和朋友小藝子聊天時，她回憶起學生時代的青澀往事，感慨著當年陪自己放學的人，現在陪自己走進了婚姻的殿堂。

我和小藝子是高中同學。她和她男朋友在高一認識，一直走到現在談婚論嫁的年齡。兩人在一起那麼多年，當然也有過小吵小鬧，但正因為他們共同經歷過挫折與爭吵，雙方也摸清了彼此的生氣模式，知道生氣後該以怎樣的方式來取悅對方，也知道如何避免矛盾的出現。

小藝子長得水靈，是嬌小玲瓏的美，讀高中時就有很多男生追求她。上體育課時，有男生從樓上教室向她扔紙團，上面寫著求愛的話；下課時間，有男生買來零食送給她；學校舉辦文藝活動時，她仍舊是焦點，調皮的男生會在臺下吹口哨喊她的名字。

最終，小藝子選擇了隔壁班的鄭同學，原因很簡單，鄭同學沉穩不浮誇，每天放學送她回家，早上去她家樓下等她一起上學。那時候，兩人偷偷摸摸地談戀愛，小藝子以為這只是青春期沒有結果的戀情，畢業就會分手，所以她對這份感情並不抱有太大希望，更不敢去構想未來。

沒想到，高三那年，鄭同學突然去當兵了。我問小藝子怎麼那麼突然，她說是鄭同學的父母為了他的前途考慮，決定讓他去當兵。至於小藝子這邊，雖然有各種不捨，但最終還是選擇支持他的決定。

鄭同學去當兵後，小藝子與他之間便靠寫信與電話聯繫。隨著時光的流逝，小藝子開始擔心這樣的等待會變質，也會耗費彼此的青春。因為等鄭同學退伍後，小藝子還在讀大學，她怕他等待不了，更怕他回來後的心態會發生變化。

因為種種的不安，兩人經常吵架，小藝子和我傾訴最多的理由是雙方都覺得彼此變了，總是在猜忌對方有沒有變心。兩個人第一次鬧分手是在鄭同學退伍後，因為小藝子還在讀大學，兩人不能經常在一起，男生覺得遠距戀愛太累了，而且又剛回家感到很迷茫，便把壓力發洩在與小藝子的遠距戀愛中。

兩個人鬧了分手後，小藝子又找我訴說苦惱，我卻並不是很擔心，因為我知道，他們兩個人分不開，以後肯定還會再復合。而且，小吵小鬧其實都是在摸索彼此的生氣模式，為了在每一次爭吵中發現雙方的不足，一起改進磨合。更何況，他們有著深厚的感情基礎，就像一首反覆聽的老歌，一輛每天坐的公車，一家經常去吃的餐廳，這些早就成了日常生活中必不可少的東西，成了內心深處的習慣與依賴。

果然，這兩個人鬧了脾氣沒多久便又和好如初。雖然在後來漫長的時間中同樣鬧過不愉快甚至揚言分手，但他們已然把以後生活中會出現的那些不好的情緒提前釋放了，也在這些不良情緒中逐漸學會了成熟與責任，懂得了堅持與陪伴。那些小吵小鬧，那些共同面對過的時光，都是這份感情珍貴的見證。

說實話，一些朋友認為小藝子在二十六歲時才結婚「有點晚」，我覺得結婚的早與晚無關「在什麼年齡做怎樣的事」的說法，婚姻沒有早晚，我們只是在適逢其時的年歲遇見了可以相伴一生的人，便把餘生託付給彼此好好照顧。

早結婚或者晚結婚都不重要，重要的是，這個人是否是自己真正想用一生的時間去照顧的人。不要為了結婚而結婚，也不要為了去完成周遭人的期待而結婚。婚姻關乎著自己的終身幸福，緣分到了，一切水到渠成，緣分未到，苦苦逼迫只是徒增苦惱。

02

上週，大學同學言言來培訓，便打電話約我一起去喝咖啡敘舊。一年多沒見她了，她還是和以前一樣溫婉秀氣，唯一的一點變化便是頭髮燙成了小波浪捲。我問她換了這麼好看的新髮型，是不是因為愛情。言言笑著回答說的確是因為愛情，而且她計劃在今年十月結婚。

言言這麼說完，又告訴我她還沒有做好結婚的準備，感覺很突然，怕無法適應從一個女人變成一個媳婦、一個母親，從一個家庭變成兩個家庭。聽了她的擔心，我說：

「妳也二十六歲了，會有自己的辦法來解決苦惱。」

她惶恐，無外乎是因為未來的不確定性。她看不清未來婚姻的樣子，因為一切無法按照計畫進行，雖然現在的計畫也只是讓心裡踏實些。其實，只要兩個人都有為家庭努力付出的心，柴米油鹽的生活開始之後，一切都會迎刃而解。

同學言言與她的男友是在大學裡談的戀愛，多年的感情基礎才讓這份感情得以開花結果。他們也和大多數情侶一樣，剛開始戀愛時感覺很新鮮，時間久了便會出現疲憊甚至吵架，但兩人知道，爭吵來得快去得也快，因為彼此都需要對方的存在，兩個人分不開。

我問她：「男方父母對妳這個未過門的媳婦有什麼看法？」

言言笑著說：「雙方父母都沒什麼意見，他們覺得彼此都是成年人了，有責任去承擔婚姻。父母們不過分干涉我們的婚姻生活，只是從旁協助，畢竟生活是屬於我們自己的。」

我打趣說果然都是知識分子家庭，長輩們的看法很開明。繼而，我又八卦詢問彩禮錢，言言告訴我，父母也沒明碼標價，逼著男方必須拿出多少錢、一輛好車或一間房子才能上門提親。父母的看法是無論出多少彩禮錢，彼此一定要忠誠，要用心過日子，與其用物質捆綁感情，不如用真心對待，牽手走過柴米油鹽的平淡生活。

03

仔細想想，諸如「二十二三歲結婚太早了」，或者「二十五六歲是必須談婚論嫁的年齡、必須結婚了」之類的說法，其實並無道理。我們覺得結婚早，大抵是還沒有遇見那個值得談婚論嫁的人，所以覺得早早結婚了的人會被婚姻束縛。

換個角度想想，若是在二十二三歲的年齡遇見了可以結婚的人，定然不會覺得這個年齡結婚太早，反而還會認為一切都是恰如其分的安排。正如張愛玲所言：「於千萬人之中遇見你所遇見的人，於千萬年之中，時間的無涯的荒野裡，沒有早一步，也沒有晚一步，剛巧趕上了。」這是極浪漫又溫柔的了。

早結婚或晚結婚並不影響雙方追求幸福的腳步與程度，那些早早結婚了的人，他們可以提前學習解決婚姻問題的招數，練好內功。那些結婚晚的人，心智成熟了，價值觀也得到了修煉，這時候，雙方更懂得結婚是柴米油鹽的陪伴，褪去了青春年少的莽撞，反而多了幾分親和，知道「珍惜」二字多麼不容易。

少女時代時，女孩們總渴望著像大明星那般擁有出眾的樣貌與顯赫的名聲，抑或渴望情深意篤、琴瑟和鳴的感情。工作幾年後，女孩們才意識到任何幻想都是虛妄，想要的東西只有靠自己爭取，只有這樣，才能為自己製造鋼盔鐵甲般的安全感。

婚姻沒有所謂的「標準時間」，不要因為身邊的朋友同學都結婚了，孩子不小了，便開始著急自己為什麼還沒遇見那個對的人。又或者在自己還沒有對另一半完全了解的情況下，就急急忙忙地結婚了，最後又來哭著說悔不當初。

別擔心愛情裡面的出場順序，也別慌張結婚的時間點，當你做好了準備，那麼，愛情和婚姻自是水到渠成的事。

結婚前，問清楚自己婚姻帶給你的是什麼，或者，你能從婚姻中學到什麼。不要在乎旁人定義的結婚年齡，婚姻是你自己的，感情正確了，就不存在錯誤的結婚年齡。

對的人不會缺席，只是來得晚一些

01

張小嫻說：「想要忘記一段感情，方法永遠只有一個：時間和新歡。要是時間和新歡也不能讓你忘記一段感情，原因只有一個：時間不夠長，新歡不夠好。」

還記得我很喜歡的歌手林宥嘉向同是歌手的丁文琪求婚時的場景。聽他唱過太多的苦情歌，這一次，他只為他最愛的女人唱幸福的歌，也不用在茫茫人海中落單了。終於，他在這個剛剛好的年紀，遇見了恰到好處的她，決定彼此攜手度過餘生。

在這個一切都在飛速變化的年代，想要在茫茫人海中找到那個可以陪自己闖天涯的人很難。如果真的遇見了那個人，請你不要辜負也不要浪費，因為當你慢慢長大後才會發現，那些與你有緣的人，以後真的是很難遇見了。

這幾日我一直單曲循環林宥嘉的〈成全〉以及他和郁可唯合唱的〈浪費〉，在這兩首歌裡，我聽到了暗戀過、失去過的人的共鳴。

02

別人都說只有備胎才懂得〈浪費〉這首歌當中的心酸，然而對於我這個連備胎都稱不上的人來說，聽懂了〈浪費〉，也就學會了放下。

仔細想想，妳恰好出現在我失敗的青春期戀愛之後。從那時候起，我就開始暗戀妳，到如今也已有五年。可笑的是，我知道妳我之間並沒有未來，我卻一直堅持著，認為會有奇蹟發生。可最終現實證明了，一切都是錯誤。

剛認識妳的時候，我和很多暗戀者一樣，小心翼翼地喜歡妳，喜歡妳笑起來的樣子，喜歡妳撩頭髮的動作，喜歡和妳坐在一起說話，喜歡第一時間開啟訊息看是不是妳的消息，喜歡與妳徹夜聊天，喜歡與妳互道晚安……我那麼喜歡妳，而妳，卻並沒有那麼喜歡我，只是把我當最好的朋友。

後來，妳去了沿海城市讀大學。妳走的時候說，願我們在大學裡都能找到一段合適的感情。如妳所願，妳找到了合適的感情，可最後被他傷害得滿身傷痕。如妳所願，我談過一次網戀，慘淡收場，最終沒有再戀愛。

妳被他傷得體無完膚，可依舊心甘情願地被愛情傷害，因為妳喜歡他。即便如此，妳依然沒有回頭看過我。而我，或許像〈浪費〉的歌詞所說，已經習慣被妳浪費青春。

但是妳知道嗎？當我們都大學畢業開始工作後，當妳開始問我多久能找到結婚的對象時，當妳開始說妳想結婚，想找人依靠一輩子時，我就知道，曾經為妳付出的那麼多年真的是太傻了，但我卻又那麼心甘情願。妳總是和我聊有男生追妳，妳和我說也許妳會在二十六七歲就結婚，妳說妳結婚時會叫我去當伴郎，因為我們是很多年的好朋友。

我沒說話，只是在心裡告訴自己，雖然曾經不值得，但現在回頭是岸，我會放下妳，更會去尋找自己的幸福。妳結婚時我不去，妳和誰談戀愛我不關心，我只關心現在的我何時能遇見陪我體驗喜怒哀樂的人。

03

林宥嘉唱的〈成全〉這首歌，十分適合我的朋友宇宇，因為她的的確確成全了前任。

宇宇說，她剛開始學著去忘記小毛時，無論如何都找不到辦法。那時候的她，總是幻想還有機會能夠重新開始。宇宇和小毛是在一次同學聚會上認識的，因為小毛唱了一首周杰倫的歌曲，宇宇覺得很好聽，就主動與他聊天。慢慢地，兩個人便有了交集。

只是礙於學業，宇宇沒有答應小毛的追求。大學升學考試結束後，小毛選擇當兵，宇宇說她要等小毛回來，她願意等。小毛當兵前告訴宇宇，別等他了，不值得，不如找個人好好談戀愛，合適就結婚。只是宇宇一直心甘情願地等他。

小毛退伍後，宇宇還在讀大學，宇宇讓小毛等她，小毛說好。事實上，小毛退伍後他的前任女友就來找他復合，而宇宇一直都被矇在鼓裡。

後來，小毛答應了前女友的要求，兩人復合了。小毛扔給宇宇一句話：「對不起，害妳浪費了青春等我。」小毛告訴宇宇，他和前女友有深厚的感情基礎，他非常愛她，所以只能拋棄宇宇。

感情這件事就是那麼難以捉摸，宇宇後來跟我一樣，好幾年沒談戀愛，就是因為忘不了。

她說：

「我家裡還有為你準備好的毛巾、牙刷、拖鞋，還有菸灰缸，我怕萬一你回頭，我什麼都沒有準備。」

「我家裡還悄悄收藏著我們唯一的合照，我捨不得燒毀。」

「我家裡還有你愛穿的白襯衫，你愛用的洗髮精。」

「我家狗狗還記得你身上的氣味。」

「我媽媽偶爾會問起你怎麼不來吃飯，她總以為我們還在一起。」

宇宇也用了好幾年的時間來忘記。她選擇成全前任，畢竟與一個不愛自己的人在一起，對於彼此而言都是折磨。不如放手成全，既是讓對方圓滿，也是放過自己。為自己留一條退路，去重新遇見那個美好溫暖的人。

到最後，長大了、釋懷了、懂事了才發現，有一種離開是放過彼此。只有離開了錯的人，才能夠遇見適合的人。那些讓你難過的愛與痛，到最後，都成了能打滿分的愛情必修課。回頭望望，幸好歇斯底里的往事，都成了過去。

那麼多年了，到現在，我也徹底放下了。當時間足夠長，當你身邊出現了能夠給你肩膀依靠的那個人，你會發現，原來你以為忘不了、抹不去、還在等的人，一直都只是你自己的一廂情願。

04

現在的你也許和我一樣，工作愛情都沒什麼成績。身邊的同學朋友早就結婚有了小孩，而你，還沒遇見那個聊得來的伴。

你怕黑，怕一個人走路，怕一個人旅行，怕哭了沒人給你肩膀依靠，怕傷心時沒人在你耳邊說「有我在」，怕喜悅時沒人分享，怕不會再遇見年少時那樣奮不顧身去愛的人了。

你開始沉默寡言，想認識新朋友卻又很慢熱。你的圈子變小了，在熟人面前是話癆，在陌生人面前一言不發。你和前任分手後，以為自己丟了盔甲，其實是封藏了弱點。

也許你和我一樣，被愛情狠狠地傷過，總是掏心掏肺地對每個人好，卻被時間狠狠地扇了耳光。時間讓你知道，有些人，無論是戀人還是朋友，時間久了都會改變，能夠像你那般真心對待他人的人，屈指可數。

也許你和我一樣，著急愛情到來得太慢，擔心自己再也遇不到喜歡的人，也怕等到那個對的人終於出現，自己已經過了最好的年紀，沒有心力再去享受美好單純的愛情。

沒關係的。愛情是一趟列車，當你等來了那輛帶你回家的車，曾經的一切都會渙然冰釋。現在的我雖然孤單一人，但很努力地讓生活過得美滿，也很努力地去尋找那個對的人。把自己照顧好，才能以最好的姿態與對方相見。

別再對前任抱有幻想，別再企圖重新來過，別再問「你能不能再回頭和我說說話」，因為轉身之後，我們可能這輩子都不會再見了。

不要去為離開了的人遺憾或是後悔，青春就是不斷遇見新人又與舊人分別的過程。

我們無非是在「你好」與「再見」中學會成長，學會堅強。

對過去最好的原諒，不是眼淚，而是微笑；對過去最好的釋懷，不是祝福，而是彼此都找到了對的人。

Part 2

找個你喜歡的人，過歡喜的一生

倦鳥有林，鯨魚有海，我擁有你

01

悽風苦雨我替你擋，萬水千山我陪你走。你喜歡詩歌，那我就做你的月亮；你喜歡溫暖，那我就做你的太陽；你喜歡依賴，那我就做你的大樹。無論你喜歡什麼，我都會變成你需要的樣子，給你一生的陪伴。

情人節那天和老譙在他的酒吧喝酒時，他突然嚴肅地說他想為我講一個故事。我還沒會意過來，他直接告訴我自己遇見了一個女孩，名叫彤彤，是一個文青，她擅長繪畫與攝影，目前從事藝文工作。

聽他這麼說完，我倒是有點好奇：「她到底是什麼類型的女孩呢？快點給我看看。」在我的印象中，一向沉穩的老譙從來不會拿這樣的事開玩笑。如果他真的對一個女孩子有感覺，那必然是對方有過人之處打動了他。

女孩在社群上記錄了她的日常生活與工作狀態，有美美的自拍、工作的收穫、與閨蜜的下午茶、喜愛的美食……這些小細節都能夠說明，她肯定是個溫暖美好的女孩。

我問老譙，彤彤究竟是哪一點吸引了他。他思考了一會兒，摸摸腦袋告訴我，興許是彤彤身上那股安靜與文藝的氣息讓他著迷，又或者說是某一種久違的情愫讓他沉淪。畢竟老譙也單身了好幾年，他的寧缺毋濫，不是因為眼光高，而是覺得愛情不應該只是排遣寂寞的工具。愛情應該是因為遇見了一個人，願意與對方拿一輩子的時間來做美好的事情，過細水長流的生活。

對於一個男人而言，一生愛過很多人的感情並不值得驕傲。一生只愛一個人，從「校服」愛到「西裝婚紗」的長情才了不起。

02

老譙與彤彤是遠距戀愛，所以兩人大部分的時間只能打電話或者用通訊軟體聊天，但這並不妨礙他們感情的升溫。

彤彤喜歡吃甜食，每次老譙去找她時都會買蛋糕給她；彤彤腸胃不好，老譙每一次都幫她買藥，並再三叮囑她照顧好自己。

每逢週末，老譙都會開車去找彤彤玩，請她吃飯然後一起看電影，偶像劇裡的橋段他都照做了，唯獨還沒有牽手。他只是摸過彤彤的腦袋、輕輕碰過她的手，因為彤彤擔心倉促戀愛會受傷，覺得兩人還需要時間來了解彼此。老譙尊重她的決定，因為他自己也不是潦草對待愛情的人。你看，這些細節組合在一起，其實就是生活裡的小幸福。

我們總喜歡嚷嚷著要找對的人，要嫁給愛情，然而忽略了感情裡的適合與喜歡是在平淡日子裡慢慢磨合、摸索出來的，沒有一蹴而就的喜歡，只有一點一滴的陪伴。

對愛情顧慮太多的女孩，大抵都缺乏安全感，彤彤亦是如此。她的顧慮，源於安全感的缺乏以及之前的感情經歷帶來的傷害。彤彤在大學裡的第一場戀愛以分手收場，短短的幾個月時間就已經讓她難以接受，為此，她傷心難過了好一陣子。

在愛情中，我們都一樣，會害怕當自己奮不顧身去愛一個人時，這個人又悄無聲息地離開；會害怕在自己糾結眼前的人值不值得用力去愛時，對方的愛意洶湧襲來，讓你感到措手不及。

我們愛過也被愛過，傷害過別人，也被別人傷害過。到現在，對愛情小心翼翼不是因為抗拒愛情或者不想戀愛，而是因為過了把戀愛當兒戲的年紀，不像年少時，以為分手了再找就好。現在，只想找一個剛剛好的人，認認真真地度過餘生。

在我看來，老譙對彤彤應該不是因為衝動，也許是一種久違的情愫在撥弄心絃，讓他想去和眼前的人試試。畢竟在成年人的感情裡，成熟大於衝動，相比於一見鍾情，更多的是責任與擔當，是給對方希望與家的歸屬感。

男人的愛向來沉默、隱祕，他不會二十四小時對妳說「我愛妳」，甚至並不懂什麼浪漫，但是他做的事情讓妳感到踏實，他的努力與事業心讓妳有安全感。

平日裡，老譙與彤彤經常打電話聊天，會聊彼此的過去，也會聊各自的生活與興趣愛好，兩人時常聊到深夜才依依不捨地結束通話。老譙有時間就會去找彤彤玩，兩人一起吃飯聊天，雖然瑣碎平淡，但每一次的交流都讓老譙更加相信了緣分這個詞。為什麼呢？有兩件事情足以證明。

有一次，老譙喝醉酒後起床晚了，才知道彤彤一個人坐在早餐店等了好幾個小時。等到老譙趕過去時，看見彤彤想生氣卻又故作淡定的表情，覺得她很是可愛。

還有一次，彤彤與朋友在外地吃飯，而當時的老譙已經買好了禮物準備去找彤彤玩，誰知道情況有變，老譙當時想都沒想，一腳油門踩到C城去找彤彤，兩人當時就在同一家餐廳吃飯。礙於彤彤的朋友在，老譙也不方便送她回家，只是以偶遇的方式把禮物送給她，誰知道，彤彤像小女生一樣，一個勁兒地向老譙解釋。看見彤彤解釋的樣子，老譙心裡就在想，也許愛情的偉大就在於每一個小細節都可能被無限放大，讓人淪陷。

03

說起來，老譙與彤彤兩人都單身了很久，畢竟大家都是成年人了，不想隨意，只想與一人走到底。

兩人初次相識，沒有那麼多驚天動地的故事，只有老譙在生活裡為彤彤細細組成的那些感動與美好。這些也足夠說明，愛情裡，驚天動地的東西終究只有一剎那，是轉瞬即逝的煙花，看似絢麗，實際虛空。只有那些樸實的小細節，才能組合成細水長流的生活。

愛情很簡單，不用去糾結那麼多為什麼，無非就是我看著你的時候你剛好也在看我。愛情也沒有那麼遙不可及，不需要聲勢浩大的事情去點綴。愛情就是很簡單的我喜歡你，你喜歡我，我們願意用一輩子的時間去聽彼此的嘮嘮叨叨。

在這個「我愛你」越來越容易說出口的年代，請你學會以感恩的心去面對那個能夠在茫茫人海中遇見的人。畢竟，不是每個人都能夠有緣分相遇，若是遇見了、在一起了，請你一定要好好珍惜。

我要的是愛情，不是解決寂寞的人

01

現在的你是否和我一樣？單身了好幾年還沒找到合適的對象，被親戚催婚成了家常便飯。

新年期間，家人總是以「我都是為你好」的口吻催我趕緊找對象。誰不想趕緊遇見合適的人，過溫暖甜蜜的生活呢？我說我也有努力尋找，然而要找到合適的太難了。

面對愛情，我也會焦慮，會害怕單身一輩子。然而我要找的是對象，不是解決寂寞的人。我要過的是細水長流的生活，不是短暫喧鬧的情人節。

02

朋友晴晴問我情人節準備怎麼過，她說：「我們都是單身貴族，要不然一起去參加『脫單派對』？」我沒有立刻回答，反問她：「妳單身久了，會害怕嗎？一個人難過的時候會哭嗎？」

她一邊整理頭髮，一邊微微笑著說自己已經很久沒有哭過了，況且也沒有什麼事情值得她傷心。沉默了一會兒，晴晴又說，即便要哭，她也只為深愛的人而哭。就算是哭花了妝容，哭得歇斯底里，那也是心甘情願。更何況，在自己所愛的人面前哭也會有安全感。

聽完晴晴的話，我又問她：「既然現在的妳冷暖自知，又何必急不可耐地去找對象呢？」晴晴最近一段時間的狀態和我之前很像，逢人便求對方幫忙介紹對象，馬不停蹄地參加異性多的活動，更是一直在焦慮「找不到對象怎麼辦」、「我怎麼還沒遇見對的人」這類問題。

我們會因為長輩的催婚或者長時間的單身而感到焦慮，也曾費盡心力地去尋找愛情，然而結果卻不盡如人意。其實，我們都不應該為別人的期待而活，也不該為了滿足別人的心願而結婚。婚姻關係著兩個家庭，應該理智看待。當你還不能獨當一面迎接愛情乃至婚姻之前，就先別忙著去解決單身問題。你需要做的是充實自己，讓自己變得更優秀，那時，自然會吸引他人欣賞的目光。

03

晴晴和前男友分手那時候，也難過了一段時間。

談起曾經，晴晴無所謂地說無非是因為太年輕了，不懂得情情愛愛，也沒想過會因為一個人單身近兩年時間。也許不是因為忘不了，而是還沒遇見那個值得讓自己如飛蛾撲火般再去愛上的人。

那年分手後，晴晴也花了一段時間來治癒愛情中受到的創傷。那時候，她參加舞蹈培訓班，研究衣服搭配，化精緻的妝容，也會和朋友去聚會唱歌，因為只要她閒下來，家人就開始催著她找男友、結婚，說女人過了吃青春飯的年紀，就該向男人乞討愛情了。

七大姑八大姨們一邊催著晴晴趕快找合適的男友結婚，一邊又在吐槽婚姻：「我家那個現在居然敢藏私房錢，膽子越來越大了」、「我對老公太失望了，他總喜歡把臭襪子扔在沙發上，看了就有氣」、「我家的一個親戚，因為教孩子寫作業和老公吵了好幾天」……

面對周遭不同的聲音，晴晴很徬徨，她一邊在內心吶喊自己不要過這種灰頭土臉的生活，一邊又擔心萬一過了貌美如花的年紀，真的嫁不出去了該怎麼辦。

於是，有一段時間她已經妥協了。家人為她介紹相親對象，她也很努力地配合，然而還是一個都沒看上，因為沒有感覺，畢竟結婚的前提是彼此喜歡。到後來，她索性聽從內心的聲音，過好自己所處的當下，先取悅自己，再花一點心思去迎接愛情的到來。

晴晴熱愛工作也熱愛生活，喜歡下廚、做手工、打羽毛球，喜歡化妝打扮自己，週末也會和姐妹們喝下午茶，或者一起爬山運動。她覺得自己現在的狀態很好，可是在長輩們的眼中，她的婚姻大事還是迫在眉睫。親戚們一個勁兒地勸她趕緊從身邊的人下手，感情可以慢慢培養，不要再信奉什麼「嫁給愛情」的口號。家人的思想觀念讓她感到無奈，但自己又不想妥協，「脫單」與「被逼婚」的雙重壓力讓她喘不過氣。

愛情有時候很神奇，你苦苦尋找時尋不著，你不想要時又送上門。但不要來者不拒，無論對於愛情還是婚姻。你找到什麼樣的對象，便是找到所對應的生活。如果你因為寂寞去尋找愛情，那麼你找到的，也同樣是只為了解決寂寞的人。如果你因為喜歡去尋找愛情，那麼你找到的，也許真的是對的人。若是你找到性格互補的另一半，他帶給你他的精彩故事，替你撫平歲月裡的皺褶；若是你找到愛好相同的另一半，你舞蹈時他奏樂，生活裡充滿著「小確幸」。

每個人都會獨自經歷一段單身時期，或長或短。看著身邊有人早早地脫單，別害怕，他們與你對待愛情的觀念不同，與愛情的緣分也有早晚。單身的時候，你可以做的就是不斷豐滿自己的羽翼。當你身披綵衣準備好後，再去與愛情碰撞出自己的火花，而不是在寂寞時、被催婚無奈時、想要逃避問題時去選擇結婚。

04

可悲的是，我們總會因為這樣或那樣的原因，試圖去達到別人眼中愛情或婚姻的標準。

他們說要早點結婚早點養兒防老，於是我們順從了。他們說女人就應該靠婚姻翻盤、靠男人生長，於是婚後的女人們大多活成了向生活妥協的模樣。

生活中充滿了「他們說」，而不是「我說」。也許是因為，大多數人都缺乏安全感，喜歡聽別人的安排，做被動的選擇題而不是主動的證明題，不敢活出自己精彩的生活與傲然的姿態。於是，我們一次次選擇妥協。

有讀者傳訊息跟我訴說，半年前她跟一個男人閃婚，結婚後發現矛盾太多，男方性格倔強又愛賭博，最後離婚反而落得一身輕鬆。

一個朋友家庭條件優渥，卻也面臨著母親的催婚。最後在朋友聚會上認識了一個男人，於是迅速見了雙方父母，長輩們一拍即合安排婚事。誰知道兩個月後真相大白，當初嚷嚷著買別墅的男方竟然是一個騙子，最後兩人不歡而散。

我自己因為家人催婚壓力大，前段時間找了一個女孩戀愛，半個月後發現自己被騙得團團轉，最終慘淡收場。我把這事和家人說後，他們異口同聲地回答好女孩很多，還有更好的人在前方等待著我。可見，家人的催婚號角依然不停。

這篇文章裡的朋友晴晴，現在快和男友結婚了，她與男友也是穿越茫茫人海，最終才相遇。所以，面臨長輩們的催婚時，請你不要認為自己走投無路了，便選擇繳械投降。如果在愛情裡因為擔心找不到對的人而選擇病急亂投醫，換來的結果有可能也不盡如人意。

親愛的，以自己的方式與態度尋找愛情，不是與他人對抗或鬥爭，而是為了讓自己將來的婚姻生活過得美好，為了心裡有歸屬感。不妨把長輩們的催婚當成鞭策，一邊成為更好的人，一邊努力尋找愛情吧！當你用心找到了那個合適的人，所有單身時期的辛苦等待都會春暖花開。

你來得早晚沒關係，重要的是你來了

01

這些年，你過得好不好？

我不知道此時此刻的你有沒有找到那個可以牽手走一生的人，也許你身旁的朋友同學都結婚了，都找到了那個值得為對方的喜怒哀樂付出所有的人，而仍舊孤單行走的你開始慌張了。你在心裡反反覆覆地問自己，我還要等待多少個春夏秋冬，那個值得我去好好愛護的人才會到來？

你感到焦慮、不安，把時間都耗費在了憂愁中，卻未曾仔細想過，愛情沒有到來時，一個人可以先好好生活，努力經營自己，等到自己變得更耀眼時，遇見愛情的機率也會增加。假如你在這樣的時機下遇見了最想廝守一輩子的人，身為男生，你有條件為對方遮風擋雨；身為女生，妳也可以有十足的底氣告訴對方：「我有能力買得起麵包，所以，不要以施捨的態度給我愛情，我要的是你的真心。」

可是實際上，才剛剛二十歲出頭的你已經開始按捺不住了。

承認吧，你有多麼想擺脫單身，想談戀愛，想趕緊遇見可以談婚論嫁的人。

至少有時候的我真的是這樣，想趕緊擺脫這麼多年的單身生活。然而我知道，越是焦急地去盼望越有可能會失望。如果我順其自然，趁此機會努力讓自己變得更好，也許會與那個人不期而遇。

親愛的女孩，我知道妳害怕一個人睡覺，害怕一個人走夜路回家，害怕晚上醒來後不敢一個人去上廁所。妳時常會擔心，等到那個人拿到妳生命的入場券，已經錯過了妳最好的年華與青春，那些言情小說裡發生的浪漫劇情，會與妳貌美如花的時光一同逐漸遠去。

親愛的男孩，我知道你有苦難言，你把歡喜掛在臉上，憂愁自己消化。別人都對你說現在的女孩子很現實，將來你要找一個會持家的女孩。然而，我希望無論你以後會遇見怎樣的女孩，現在的你都不要忘記打拚，不要忘記努力。

世間的相遇，並不一定非得講究如期而至。當你以為山重水複疑無路時，轉個彎，或者回過頭，抑或換個心態對待生活，也許柳暗花明就會在下一刻出現。

02

很多人問，一個女人應該活出怎樣的姿態才美呢？在我看來，女人的美貌不被年齡限制，只要妳不向歲月投降，女孩子在不同的年齡層都有不同的美。

齊同學是我在二〇一五年認識的一個朋友，和我一樣是一名作者。她在二〇一五年考進了公家單位，白天忙於工作，晚上在燈下奮筆疾書，手指在鍵盤上舞蹈，讓文字夢想綻放。有時候我問齊同學：「妳業餘時間都拿來寫文章了，哪還有時間去找男朋友呀？」

我每次故意拿找對象這事逗她時，她都會一本正經地告訴我：「我不會太著急去找結婚對象，因為忙著找有可能會狗急跳牆隨便應付婚姻，我可不想自己的婚姻生活過得無聊頹靡。我要以順其自然的態度對待愛情，把主要精力用於自我充實方面。」

齊同學告訴我，她知道自己的優勢與劣勢，所以她揚長避短，努力奮鬥，盡可能地為自己創造一個好的生活。她不會像其他女人一樣，試圖靠婚姻改變生活。她知道婚姻會改變人的性情，但不能拯救一個人，所以，她想靠現在的奮鬥為將來打基礎。

有時候，齊同學也會故意炫耀說公司裡某某男生又請她吃飯了，但她沒感覺。我又問她喜歡什麼類型的男生。她告訴我，感覺對了，一切就對了。

有人在風風火火的日子裡，活出波瀾不驚的狀態；有人在歲月靜好的日子裡，活出策馬奔騰的驕傲。人這一生，只為活出自己的精彩。每個人都有不同的活法，但我們的目的都一樣，都是為了去體驗生命更多的美好，去欣賞一次花開、一片流雲、一汪溪水，去感受歲月的變遷。

03

在茫茫人海中，如果你和一個人有緣相遇甚至相愛，能夠好好在一起時就不要爭吵，畢竟能夠聽你嘮嘮叨叨、忍讓你脾氣的人並不多。我們能與此時此刻在眼前陪伴的人相愛，已是莫大的福分。讓人愉悅的感情，不是二十四小時如膠似漆不分離，而是當對方忙自己的事情時，你也在為自己的夢想打拚。各自為未來奮鬥時可以在自己的領域閃耀，組合在一起時，又是一團耀眼的光芒。

與一個人相愛很容易，但是相愛後學會包容、理解卻是婚姻裡的必修課。愛情和做人一樣，沒有十全十美，也不必要求對方完美無瑕。正因為愛情可能會有曲終人散的悲涼，相遇才更顯得彌足珍貴。

現在的你是單身也好，有人陪伴也罷，希望我們都不要想著不勞而獲，什麼都不做只是乾等著愛情到來。我相信自我提升的過程既能增加與對的人相遇的機會，又能為自己帶來安全感。

至少，當我說「你終於來了」時，你可以笑著說：「嗯，來了就不打算走了，要在你這裡住一輩子。」

以自由自在的態度過一生

女人到底應該活出怎樣的姿態才美？無論男女，很多人都在討論這個話題。有人要求女人既漂亮又能幹，但又不能太過於強勢，需要柔情似水時必須得溫柔。又有人覺得，一個優雅的女人要懂藝術、有修養，即使不能做到對琴棋書畫、詩酒茶花都瞭如指掌，至少也要過得精緻漂亮。

我認為，旁人不應該去為一個女孩貼標籤，規定要活成什麼樣子才算美或成功。這類的標籤都帶有限制性，一旦貼上了，就得完全按照這套標準和模式去發展，很難活出屬於女孩們自己獨一無二的姿態。

在我的理解中，所謂活得美、活得成功的樣子是：面對選擇時，妳既有內心的從容，也有主動決定的資本；面對生活時，妳既可以氣派豪華，也可以粗茶淡飯。妳內心飽滿、充實、豐盛，日子過得精緻，何必去跟「成功」這樣的字眼較真，非得活成別人眼中所認為的「成功」的樣子呢?經營好妳現在的生活,先讓自己成長為有能力的人,待到擁有了過歲月靜好的日子的本事,妳就能雲淡風輕地去面對生活的是是非非,妳就會明白,所謂活得美、活得成功的樣子,只是展示給外人看的虛無。

談起女人的美麗、精緻與涵養,中國女人我很欣賞楊瀾、董卿、林青霞,國外女人我欣賞奧黛麗·赫本、蘇菲·瑪索,當然還有很多其他活得獨立且優秀漂亮的女人。

這一類女人,她們活得光芒閃閃,不會因為別人貼了「妳是女人不要爭強」、「妳是女人應該做好家庭主婦的事」這類標籤而限制自己的發展,反而綻放出了女人最美麗動人的姿態。

比如英國女演員奧黛麗·赫本,很多人是因為電影《羅馬假期》而認識了這個優雅秀麗的女人。她很美,這種美帶有一點東方女性的小家碧玉,但同時也有外國女性的明媚張揚。

奧黛麗·赫本出生在一個貴族家庭,從小便自帶光環。這時,你會覺得她出身好,走的路當然也順暢。其實,赫本並沒有那麼好命,年幼時的一場變故讓她的家庭支離破碎,她亦開始過上了顛沛流離的生活。

經歷過一些風浪和波折後，赫本在機緣巧合之下開始從事模特兒工作。在此期間，她除了拍雜誌廣告，也會去參加一些舞臺劇演出，畢竟芭蕾舞曾經是她的夢想。因為身高的優勢，赫本意外得到《羅馬假期》劇組的試鏡機會，她最終完美出演，也因為這部電影一夜之間成為家喻戶曉的人物，獲得了奧斯卡最佳女主角獎，成了眾人追捧的優雅女神。

好運並不是一直都會眷顧一個人，想要有好運眷顧的前提是妳自己不斷的努力。命運變化無常，當赫本因為一些事情被命運捉弄後，她並沒有一蹶不振，相反，她一直都在努力尋找出路。後來的演藝經歷讓赫本把人生這副牌打得精彩漂亮，還贏回了傳統保守的人們對於新女性的理解。

妳努力把自己變成優秀的人，才更有機會拓寬眼界和格局，遇見更加開闊的碧海藍天。

赫本走紅以後，人們都稱讚她才貌雙全，也有人開始模仿她的經典造型。當然，脾性溫和的赫本並沒有忘記提升自己，她依舊會看書，會學習舞蹈與電影知識，也會關注時尚和慈善事業。

別人都用驚豔來形容赫本的美麗，但我認為，「驚豔」只是曇花一現，赫本能夠成為大家都欣賞的女神，靠的並不單單只是美貌，更重要的是內在的知識與修養。女孩子們，不要以為婚姻可以為妳帶來堅不可摧的安全感，真正的安全感是要為自身建立隨遇而安的資本和屹立不倒的能力，這些才是妳活得無畏無懼的勇氣所在。

對於愛情而言，請妳記住，寧缺毋濫不是挑剔，找到那個與妳旗鼓相當的人過日子才有趣。身邊有朋友經歷過一段失敗的感情後，說自己將來一定要嫁給愛情。我問她覺得怎樣才算是嫁給愛情，她思考了一會兒說，她心目中嫁給愛情的樣子就是找到互相喜歡的人一起為家庭打拚，而不是在父母的逼婚之下為了結婚而結婚。

所謂嫁給愛情就是嫁對人。遇見一個互相了解的人，彼此喜歡，懂得理解、包容、體諒，兩個人都願意用一輩子的時間聽對方嘮嘮叨叨，即使吵吵鬧鬧也願意不離不棄，這就是所謂的嫁給愛情。

大部分女人總是號稱自己要嫁給愛情，嫁給愛情不是讓妳眼巴巴地站在原地，傻傻地等待愛情主動來找妳。愛情沒有到來時除了主動尋找愛情，也要充實自己，用自己身上散發的光芒吸引愛情的到來。

妳努力變優秀的目的，是用一顆更加包容的心看待這個世界。別人欺負妳時妳有能力還擊，愛情沒有到來時妳也同樣活得精彩。當那個對的人出現在妳身邊時，彼此都勢均力敵，這樣的愛情才不會太累。即使將來婚姻出現危機，妳同樣有本錢和底氣去面對生活裡的風風雨雨，用理性的思維來分析愛情裡的選擇。

親愛的女孩，嫁給愛情與活得自由，不是靠外界為妳貼的標籤，而是要靠自己去創造、去追求。

外婆，天黑了，妳快回來吃飯好不好

外婆，我又夢見妳了。

妳走的這一年以來，我總是反覆夢見妳。在夢裡，我坐在妳家老房子的門檻上看書，妳在廚房裡為我做蛋炒飯。不一會兒，妳端著香噴噴的蛋炒飯走過來說「吃飯了」，然後又拿肥皂幫我洗手，說「都是大男孩了還不知道吃飯前要洗手」，然後又說「你爸以前都比你愛乾淨」。

我記得妳家門口有一棵很老的花椒樹，妳告訴我那是花椒，可以用來做菜，但我卻看見妳喜歡在上面晒衣服。妳也會經常和我說我媽和我爸的戀愛故事，也會說妳媽媽的故事，說艱苦年代裡那些平凡又瑣碎的事。

我記得妳還在的時候，每到週末或者逢年過節時，全家人都會買上雞鴨魚肉去妳家吃飯。那時候多美好多快樂啊，一家人有說有笑，妳看見我們去妳家玩也很開心，眼睛會笑成一條線。

外婆，去年的這個時候我們一大家子還在妳家吃飯，妳自己也說妳的身體能撐到過年，妳還要等著我結婚。我還打趣地說妳重男輕女，妳也調皮地告訴我我爸也重男輕女，跟著我爸學來的。

我記得去年妳住院之前，妳說想出門走走，我攙扶著妳慢慢地下樓，走到平地時妳把我的手甩開，說不用我扶，妳一個人能走。我站在後面看著妳一個人趔趔趄趄地走著，悄悄地拍了一張妳的背影。看著妳滄桑又佝僂的身影，我百感交集，突然不想有所謂的來生了，因為又要經歷愛恨情仇、生老病死，太累了。

妳生病吃藥時總是和我說：「你看這人活得太久了就是不好，總是讓你媽和你姨媽來伺候我為我做飯。我活到八十三歲這個年紀真是讓你們受罪了。」

妳從醫院回來後在家過得也很痛苦，妳自己也經常說：「我快不行了，可是沒活夠，可惜了，可惜了。」我問妳可惜什麼，妳不語，只是眼裡噙著淚水看著我又說：「你要對你媽好，她這一輩子不容易，她命太苦了。」我握著妳孱弱的雙手答應下來。

遺憾的是，歲月才不管你捨不捨得，歲月要帶走的東西即便是拿淚水去挽留也留不住。那天，妳還是走了。

作家簡媜寫過這樣一段話：「我們的一生花很長的時間與心力處理『生』的問題，卻只有很短的時間處理『老病死』，甚至，也有人抵死不願意面對這無人能免的終極問題。」

在歲月面前，花落過後有花開，黑夜過後有白晝，冬天過後有春天，唯獨我們與家人相處的時光，只有漸行漸遠。

外婆，妳知道嗎？妳火化那天，我媽拉著我跪地痛哭，尤其是當妳的身體一下子被推進火化室後，我媽撕心裂肺地喊出的那一句「媽」。我又記起父親去世時，我媽嚎啕大哭的場景。

那時我才十歲，興許是年紀小，不懂這樣的離別沒有「下次再見」的含義，父親火化前的場景我好像只能記得一些模糊的畫面。我記得當時的我哭不出來，舅媽和我媽讓我趕緊多叫幾聲爸爸，說以後就沒有爸爸了，就再也不會喊這個詞了。那時我才哭了出來。

自我記事到現在，我的人生字典裡逐漸失去了「爺爺」、「大伯」、「爸爸」、「外婆」

這些詞。

我時常想不要有所謂的「下輩子」了，我怕萬一又和今生有過緣分的人重新做家人、愛人、朋友，但又要去承擔生離死別的疼痛，我實在承受不起。

這二十多年的時間裡，我真的有太多承受不起。

我自卑、內向、膽小、軟弱、敏感，我承受不起生活裡的風霜雨雪，很多事情我要獨自去承擔，很多話我只能往肚子裡咽。

我已經快三十歲了，但依舊缺乏安全感。搭電梯會擔心電梯故障，車開得太快就會心跳加速，一個人出門住酒店時必須開著燈才能睡著。

親人的離世於每個人而言，是難以承受的悲楚。在我很小的時候就目睹過爺爺與父親的去世，再加上沒有父愛以及學生時代被人欺負的經歷，過去的種種導致我特別缺乏安全感，特別害怕失去，因為我不知道該拿什麼來抵擋失去帶來的悲傷與痛苦。

外婆，妳知道嗎？我常常想著妳和父親都還在。去年妳還和我說，等我搬到新房子了，妳就去我家玩，在我家住。等我結婚了，妳就可以幫我帶小孩。可是妳等不起了，妳還是走了。

外婆，又快過年了。有時候閉上眼，感覺彷彿一切都沒有變，我們一大家子去妳家吃飯，妳和表姐以及舅媽坐在沙發上看電視，我媽和三姨媽在廚房裡做飯，兩個小姪女在旁邊玩玩具，其他姑姑舅舅們則在打麻將。這時候有人敲門，妳會說：「蹭飯的人來了。」我想到這些時既高興又難過。

我知道想要擺脫傷痛，唯有一遍遍地去複習傷痛，在一遍遍的複習中漸漸麻木，最後才能變得無所畏懼。

簡媜在《誰在銀閃閃的地方，等你》中寫道：「生命的真諦，不在於帶走什麼，在於留下什麼。不在於如何開始，在於怎麼結束。」有時想想，外婆給予我的那些時光都留存在記憶裡，這對於我而言，也是最珍貴的禮物。

既然過去的時光那麼快樂，又何必庸人自擾、畫地為牢呢？希望寫下這篇文章後我能夠告訴自己：「你釋放了一次淚水，你又戰勝了軟弱的自己，從今天起，請習慣這世間的悲歡離合，請以平常心去對待生活的酸甜苦辣。」

請允許自己悲傷，但別把淚水當三餐，把心碎當習慣，更別因為悲傷就陷入泥淖從此一蹶不振。

分手的態度，影響你下一段感情的好壞

01

網路上有個問題：「為什麼有人會與深愛的伴侶分手？」我問過身邊的朋友蕭蕭，她說不怕與深愛的人分手，就怕分手前對方沒有任何預兆，突然有一天一聲不吭地離開，這比面對面地說分手更讓人難受。

蕭蕭與前任杜先生分手時，傷心了好一陣子。那半個月時間裡，她買醉、熬夜、蓬頭垢面，她反覆問我為什麼杜先生要突然提分手，在這之前她根本沒有預感到杜先生會和自己說分手。

我問過蕭蕭，在分手前杜先生有沒有什麼變化。蕭蕭告訴我，杜先生除了工作忙不愛和她約會以及下班回家比較晚以外，其他的都很正常。聽見蕭蕭這樣的回答，我想，或許冷暴力才是感情裡最可怕的東西。

女人不怕你大張旗鼓地說分手，就怕你的分手來得毫無預兆，並且不留情面地攻城略地，最後留下她一人狼狽地站在原地嚎啕大哭，還要自己收拾殘局。

蕭蕭的前男友在前期會找理由讓蕭蕭帶些化妝品回家，剩下幾件衣服鞋子也是在提出分手的當天開車送去蕭蕭家樓下。蕭蕭完全不懂為什麼會這樣，一直哭一直問為什麼，杜先生也不肯當面做出解釋，就只是在電話裡對蕭蕭說二人不合適，他累了，想休息。

我想，缺乏新鮮感也許是導致朋友與前任分手的原因之一，但並不是主要原因，或許二人之間真的不合適吧！直到現在，提起前任，蕭蕭仍然納悶為什麼他們的分手毫無預兆，為什麼分手不能當面說。如果彼此都有缺點和不完美的地方，可以改進可以磨合，但如果真的不合適，好聚好散就行，何必冷暴力式分手？

對於分手，尤其是毫無前兆的分手，大多數人都難以接受。但是你要知道，失去可以說是我們每個人的必修課。

如果失去了愛情和最愛的人，你要做的不是死纏爛打，也不是爭吵謾罵，是微笑祝福，祝你找到更好的人，我也同樣能遇見屬於自己的幸福。寬恕彼此，放過彼此，好過互相折磨。

愛情裡的敢愛敢恨，是你擁有愛時愛得自信大方，愛得問心無愧，失去愛時可以恨，但不記仇，不因為分手影響自己的生活，更別耽誤自己遇見對的人。

02

如果前任來找你復合，你會答應嗎？

我問過朋友茉莉，她斬釘截鐵地告訴我她會，只不過她還是弄丟了那個深夜裡為她買宵夜、在大街上由她無理取鬧、蹲下為她繫鞋帶、把薪資上交給她的大壯。

茉莉與大壯在大學認識，畢業後又遠距戀愛半年時間。茉莉來自單親家庭，所以十分缺乏安全感，但她想要的歸屬感大壯都能給。我很納悶，倆人都到了談婚論嫁的程度為何要分手，弄丟了這段人人羨慕的感情。

茉莉告訴我，分手後的第二天她就後悔了，只是偏執地不肯回頭。儘管大壯試圖挽回，但茉莉那時還在氣頭上，態度強硬不肯同意，想等大壯多哄哄自己。但是感情經不起考驗，一次次的傷心只會讓對方越發失望。

大壯結婚那天茉莉也去參加了。婚禮上，茉莉哭得很厲害，旁人問她怎麼了，她說看得很感動，不知道自己多久才能遇見那個對的人。其實，她是後悔當初大壯找她復合時自己的拒絕。她在臺下哭，他在臺上哽咽著說感謝，其中還提到感謝他「老大」陪他走過了最美好的歲月，願幸福伴她一生。茉莉知道，大壯口中的「老大」就是自己，這句暗語只有他倆知道。只是如今，都到了懂得如何去愛的年紀，卻錯過了值得奮不顧身去愛的人。

妳擔心著她能不能了解他所有的脾氣習慣。比如他會像小孩一樣半夜踢被子，她會幫他蓋好被子嗎?他是過敏體質，她能照顧好嗎?他不說話就代表預設了，她知道嗎?他喜歡穿黑色 Polo 衫，她會要求他穿T恤嗎?

我知道妳難過的不是他戀愛了、結婚了，也不是他找到了那個相濡以沫的人，而是妳知道他的所有習慣，卻不能再和他一起經歷這一切了。

現在我終於明白，這並不是一個說了「我愛你」之後，對方就必須與你一生相守的年代。相愛與分手一樣都很難去解釋為什麼，甚至沒有所謂的對錯與意義，更沒有所謂的辜負。若是因為同情而選擇繼續在一起，這才是錯誤的行為。沒有緣分的兩個人，與其互相消耗，不如放過彼此，讓對方幸福的同時，自己也能收穫碧海藍天。

有人說，能不能和一個人走一輩子，最終還得看時間。的確，時間會發揮篩選檢驗的作用，但並不一直都是這樣。不要光靠天長地久來檢驗愛情，那些說要給你一輩子安全感的人，也許會隨著兩個人的成長、際遇發生改變，因為在時間面前，總有未知數。

檢驗愛情的方法，得在一蔬一飯的生活裡、在日復一日細水長流的尋常瑣碎裡去尋找。

03

在我看來，所有的分手都有跡可循，沒有半路殺出個程咬金，突然在電話裡談分手，只是你沒有發現對方想和你分手前給的暗示而已。如果你發現另一半有以下情況，那麼要開始注意了：

（1）莫名其妙的冷戰

如果對方想和你分手，對你的態度肯定由熱情轉為冷淡，而莫名其妙的冷戰便是直接手段，尤其是你起床後傳訊息問他在幹嘛，他晚上才回覆甚至不回，直到你打電話詢問他才說以為自己回了或是忘了。

（2）悄悄地玩手機

如果你的戀人喜歡躲在一邊悄悄玩手機，並且不給你看手機內容，還把所有密碼都修改了，你就得注意了。

（3）與你減少了親密行為

如果你的另一半不再與你有諸如親吻之類的親密動作，毫無疑問，對方可能是想告訴你他已經對你失去感覺了。

（4）喜歡找你吵架

儘管你沒做錯事，但對方就是喜歡找你吵架激怒你，無非是想為分手找個理由而已。

感情無非就是結伴同行而已。若是有緣遇見了，或牽手或搭肩，一起行走在路上看四季流年的變化，不去問這段路程的長短，不去問將來的變化，只關心當下。若是真的道不同，那麼便不相為謀，說一句祝福，道一句珍重。

愛情不比輸贏，不看勝負，愛情只看你擁有的時候是否真心真意對待過，離開的時候能否平靜淡然地說聲好聚好散。

有儀式感的分手不是矯情做作，而是修養的展現，因為你上一段感情的收尾，影響著下一段感情的開始，甚至會影響你未來將遇見怎樣的人。

Part 3

等遇見了你，我就成了我們

一輩子很短，別在錯的人身上浪費時光

凌晨時分，我和晚玥、雅希在 KTV 唱完歌準備回家。走出 KTV 的那一刻，夜晚的冷風把我們三個人都吹得清醒了很多，晚玥語氣篤定地說：「自此之後，與前任有關的一切我都不想了解也不想關心了，我只想知道那個對的人何時到來。」

晚玥雖然是帶著酒氣說的這句話，但我分明從她的口氣裡聽到了心酸和難過。我說：「別怕，還有我們呢，千萬要記得在妳難過時，還有朋友給妳擁抱，溫暖著妳。」

那天我們三個人聊了很多與感情有關的話題。那天晚上，晚玥一直都在循環唱著梁漢文的〈纏綿遊戲〉，她說歌詞像是在寫她與前男友，愛情遊戲過後，沒有溫存，只有背道而馳。

我聽著晚玥帶著酒意和我說她的故事。她以前很少和我講這些，她對於過去不願再提及，也不願意分享自己的傷心。作為朋友，我很心疼她，我希望她快樂，希望她想笑的時候就大聲地笑、放肆地笑，想哭的時候就卸掉偽裝狠狠地哭、毫無保留地哭。

晚玥藉著酒勁把她與前任的一切都告訴了我。她和我說完整個故事後沉默了一會兒，然後仰著頭眨了幾下眼睛，聲音低沉地說：「在尚未遇見右先生之前，我幻想過會在路口的拐角處遇見那個對的人。如果意中人不出現，那麼我就等。等得來皆大歡喜，等不來也就認命。直到遇見右先生後，我才知道愛情不能等，要主動去遇見。」

晚玥和右先生是在一次朋友聚會上相識的。那時候，彼此都正值青春年華，視愛情為一切，愛得驚天動地。晚玥說，剛開始是右先生主動追求她，買給她布娃娃、口紅、髮飾逗她開心。晚玥好奇一個大大咧咧的男生怎麼知道買這些東西送給女生，後來她才知道，原來右先生是讓朋友帶著他去買這些小禮物送給她的。

剛開始時，晚玥並沒有很快答應右先生的追求，因為她害怕這段感情來得快去得也快。右先生也不著急，默默地在身邊陪伴著她。過了兩三個月後，二人的感情逐漸濃厚，右先生又再次向晚玥求愛。晚玥覺得右先生是她可以奮不顧身去愛的人，就答應了右先生的追求。

他們的愛情並沒有那麼多轟轟烈烈的故事，晚玥說她和右先生在一起的時光雖然平淡，但恰好又是那些平淡組成了所有的美好。晚玥有時候有點孩子氣的天真，而右先生恰好又是那個可以包容她的人，這讓晚玥更加確定了右先生在她心裡的位置。

那時候，兩人一起在外面租房住。右先生下班回家後會買菜做飯，晚玥則負責收拾屋子。兩人一起做飯、吃飯、洗碗、遛狗，晚玥反反覆覆跟我提了好幾遍她和右先生在外租房住的時光，我能想像出兩人的幸福。

或許是因為太年輕吧，好景不長，兩個人最後還是分手了。分手的理由是右先生想去外地發展，不想一輩子被小城市困住。右先生就這樣撂下狠話離開了晚玥，也輕易地放棄了那麼多年的感情。最後男生還是辜負了女生，兩個人還是背道而馳。

晚玥不明白為什麼結局會是這樣。她原本以為當她把所有的愛和希望放在右先生身上時，右先生會帶著她一起去大城市打拚。她以為他不會放棄自己，誰知道右先生還是離開了她。晚玥猜想，興許是愛太久膩了，沒有愛下去的新鮮感了吧！

分手之後，晚玥想主動找右先生和好。可惜的是，倔強的我們只想等著前任回頭，最後等來的卻只是各自珍重這些冠冕堂皇的話。

失戀的那段日子裡，晚玥會去看右先生的動態，再看看留言裡有哪些人與他互動；

她會去向朋友打聽右先生過得好不好；她會反反覆覆地懷念和右先生一起在外租房住的日子。甚至，她會以買醉來懲罰自己。

當然，晚玥喝醉酒後又會控制不住打電話給右先生。她會哭著和右先生說很多很多的話，目的只有一個，那便是重新開始。但這根本不可能，因為當一個人不愛你之後，就算你再怎麼去改變、取悅、討好，他都不會愛你。

電影裡演出的放下太假了，忘記一個人哪有那麼輕描淡寫。在生活中，放下一個人的過程必然是痛苦的。

有時候我們懷念的或許不是前任這個人，而是遺憾自己陪他走過了青春，他卻說散就散。當初他說要帶你去很多地方遊玩，列了很多你們要完成的清單，甚至連生兒育女的計畫都有了，你充滿期待，你覺得這就是你理想中愛情的樣子。

突然有一天分手了，你痛苦萬分，卻要一個人慢慢撐過那些難捱的時光。所以啊，你要感謝你自己，畢竟自己才是那個一直陪在你身邊不離不棄的人。

我不知道晚玥是如何放下的，反正她告訴我當她在 KTV 唱〈後來〉時，聽懂了〈後來〉，也就學會了徹底放下。我說：「早放下早好，畢竟他並不是那個值得妳念念不忘的人，妳的傷心和痴情在對方看來，只是茶餘飯後的笑料而已。」

每一次你狠狠哭著懷念前任時，你可知道，前任說不定過得比你逍遙快活。那些一起牽手走過的路，那些一起相擁而眠的夜晚，那些為他歡笑、為他流淚的畫面，前任在決絕地和你說分手時就已經選擇放下了。

你呢，把一剎那的芳華當作一輩子的溫暖，把停靠一時的站臺當作一輩子的依靠，你傷心難過，你沉湎於回憶，你畫地為牢，可你從未想過，分手並不是你的錯。

總要等到那些配不上你的人從你的世界離開，你才會遇見真正適合你的人。同樣的，那些讓你痛苦不堪的回憶只有選擇放下與釋然，你才會遇見屬於自己的春暖花開。

後來，晚玥扔掉了前任送給她的所有東西，她說這並不代表她還會為此傷心，而是為了迎接全新的生活與自己。

聽見她這樣說我就放心了，當初那個大大咧咧、樂觀開朗的女孩又回來了。現在的晚玥已經找到了讓自己開心快樂的方法，她的身邊也出現了一個可以逗她笑的人。

我以前寫過一句話：「在愛情裡，恰逢是曾經離開了的人教會自己成長，也慶幸是對方離開，才能空出位置讓新歡到來。」時光寶貴，請遠離那些對你不好的人，那麼美好的你，應該讓自己貴氣一點，把時間留給值得的人和事。

年少時，我們害怕分手、害怕錯過，現在，嘗過了那麼多物是人非的滋味後才慢慢懂得，只有經歷過幾次刻骨銘心的感情，錯過幾個奮不顧身愛過的人，我們才會知道一輩子並不長，沒有那麼多青春年少拿來傷心感慨。你要做的是把時間用來珍惜對的人，而不是耗費在錯的人身上。

過去的我們把跌倒、失戀、悲傷當作祕密一樣小心翼翼地收藏著，害怕別人看見自己的狼狽，寧願獨自舔舐傷口、吞嚥苦楚，也不願在別人面前暴露出自己脆弱的一面。當你真正經歷了是是非非後才會恍然大悟，那些讓你遺憾、難過、疼痛的，終究是在幫助你成長。

在你還沒有遇見那個陪你策馬闖江湖的人之前，你要做的應該是把自己變得優秀美好，讓自己身披綵衣頭戴光環去與對的人相遇，而不是沉湎於過去，為往事而傷感。你一定要相信，你腳步鏗鏘地大步向前走時，前方也會有和你同樣溫暖如光的人，正朝你快馬加鞭地趕來。

答應我，別再為往事傷心了。一定要讓自己幸福，好嗎？

與其念念不忘，不如好聚好散

有一天，妳會走出畫地為牢的困境，也會放下不堪回首的往事，妳會感謝失去，感謝離開，感謝那個讓妳在深夜裡狠狠哭過的人，感謝那些把妳傷得心如刀絞的回憶。如果沒有前任的離開，妳又怎會遇見此時此刻陪妳細水長流的人？又怎會懂得失戀的意義是讓妳學會成長，體會幸福的來之不易？

當然，妳又會問我，失戀後到底要用多長時間才能痊癒？說實話，我也不知道要多久，但我相信時間會為妳治癒一切。

如果妳看得開、放得下，經常以積極美好的話語鼓勵自己，主動去遇見對的人，那麼，妳的心傷能夠快速痊癒，因為時間讓妳學會了原諒。如果妳放不下，沒關係，多花點時間在一個人的生活裡提升自己，給自己一個機會重新審視感情，這也是一件好事。

閨蜜 Maggie 說，周杰倫開了一場又一場的演唱會，可是當初那個要陪她去看周杰倫演唱會的男孩卻失約了。男孩找到了另外一個陪他牽手旅行、陪他喜怒哀樂的人。他不會在酒吧當著所有人面前深情款款地為她唱〈簡單愛〉了，他已經快要成為別人的新郎了，他再也不會回頭看她了。

我能理解 Maggie 的不甘心，不過既然往事不再，又何必去糾結呢？沉湎於往事的結果無非是耽擱自己成長，整日唉聲嘆氣讓自己成為一個悲觀的人。

幾年前，Maggie 認識了那個讓她愛得義無反顧的男生小松，一個愛健身、愛唱歌、愛玩樂器的陽光男孩。直到現在，Maggie 說起她和小松在一起的時光時依舊會嘴角上揚，依舊會閉著眼睛回憶往事的美好。

兩個人的相遇倒是稀鬆平常。因為我們所在的城市很小，Maggie 和小松恰好住在同一條路線上，她去學校的路上總能碰見小松。就這樣，由於兩人經常碰面，男生便主動跟她打招呼，並向她要了聯繫方式，女生當然心動，想著見面好幾次的男生終於主動找自己說話了，便留下了手機號碼，回家後二人便有一搭沒一搭地聊著。

在聊天中 Maggie 覺得很愉快，小松給她的感覺也就是四肢發達、頭腦簡單。比如，Maggie 故意說週末不用補課，但是在家裡好無聊想上街走走，小松便一臉嚴肅地告訴她要以學業為重，不要總想著出門。每當 Maggie 假裝說肚子疼時，小松會立刻買藥跑到 Maggie 家樓下然後叫她出來拿。

其實，Maggie 之所以這樣做就是想試探小松到底是一個怎樣的人。經過一段時間的了解後，每逢週末，小松都會約 Maggie 出門看電影喝奶茶，Maggie 覺得這種感覺很好，二人也就不知不覺走在了一起。沒有誰先說我愛你，兩人幾乎是同時愛上了對方。

暑假過後，小松要回去北部讀大學，他告訴 Maggie 要等他回來。Maggie 想都沒想便答應下來，不就是遠距戀愛嗎，怕什麼呢？

小松回去讀書後便和 Maggie 談起了遠距戀愛，一南一北的距離並沒有讓這段感情降溫，反而愈演愈烈。他們雖然沒有像別的情侶那般經常在一起吃飯、逛街、看電影，但是，兩人會經常視訊聊天，小松會向 Maggie 展示自己的日常生活，Maggie 也會和他分享生活趣事，二人更會連著語音聽著彼此的呼吸聲睡覺。

在我看來，遠距戀愛對 Maggie 而言是一件好事，她可以讓自己學會在感情裡獨立，也能學會如何理智地去愛一個人。過去她愛得太用力了，每天都在擔心小松會不會離開自己。

Maggie 以捆綁的形式去對待感情，因為愛得奮不顧身也愛得太投入，所以她害怕失去。但是她忘記了很重要的一點，太用力地去約束一段感情，最後得到的結果只能是兩敗俱傷。

小松放假回家時便去酒吧當駐唱歌手賺錢。我第一次聽小松唱的歌是〈殘酷月光〉。我依然記得那天晚上和 Maggie 在酒吧裡聽小松唱歌，他深情款款地對著 Maggie 一字一句地唱著，眼神裡全是無聲的承諾，看得我很感動。

我看了看 Maggie，她的眼中淚光婆娑。我問她：「為什麼要哭呢？起碼妳現在還擁有著，像我就可悲了，連用力去愛的人都沒有。」

她不說話，沉默了一會兒後和我說了很多。大抵是因為酒精的作用，說到傷心處她哭了。她擦了擦眼淚以篤定的語氣對我說：「你知道嗎，很多時候我想放下所有跟他結婚，甚至他去哪裡我就去哪裡，但我分明知道我和他沒有未來，因為我愛得太用力了，會傷著他。」

她說她不是那個陪他牽手過一生的人，也不是那個可以從女友變成老婆的人，不能為他洗衣做飯，不能聽他彈吉他唱歌，更不能陪他完成他的音樂夢想，因為她知道青春期的愛情宛如花開一瞬，總會枯萎凋零。

的確，Maggie 和小松在一起的幾年時間裡，Maggie 經常對我說的話便是「我和小松吵架了」、「我和小松又和好了」、「我很害怕他會離開我怎麼辦」，我知道 Maggie 愛得太用力了，她擔心的無非是小松在酒吧唱歌時會不會被其他女人勾搭，小松在外地讀大學時會不會背著她和別的女孩牽扯不清，這些擔心讓 Maggie 變得很敏感，變得患得患失。

朋友們都和 Maggie 說過，對於男朋友不要看管得太嚴，張弛有度即可，抓得太緊了他會厭煩，太鬆了他會覺得妳不在乎他。鬆緊有度則剛剛好，既如膠似漆，又能給彼此留一點私密的空間透個氣。感情要的不是密不透風，而是像風箏那般天高海闊任憑你飛，但我始終牽著你。

年少時的感情都是這樣，剛開始轟轟烈烈，等到時間久了就缺少了新鮮感。我記得 Maggie 和小松真正的吵架是某次 Maggie 讓小松在街上等她，可是等到 Maggie 到達約定地點後小松還沒來，她生氣了便一直催。等小松到了，Maggie 竟在大庭廣眾之下扇了小松一記耳光，並且非常生氣地喝斥小松為什麼遲到。男人總是要面子的，小松見她這樣做，頭也不回地走掉了。

事情發生後 Maggie 很後悔，她又趕緊去找小松解釋，可是小松不接電話，她便傳簡訊和他說了很多。到了晚上，Maggie 打電話告訴我小松要和她分手，因為她把他管束得太嚴格了，根本不給他透氣的機會。

前期無數次的小吵小鬧為這次爭吵埋下了伏筆，小松徹底地爆發了，他不再忍讓，和 Maggie 敞開心扉說了她的種種不是。面對分手的結局，Maggie 試圖去挽留，她說她會改變，但是小松卻說回不去了。她知道，並不是回不去了，而是彼此都長大了，不像當初那麼單純美好了。

他和她相愛時平平淡淡，分手時亦是如此。分手後，Maggie 沒有大吵大鬧，她選擇忍受，選擇獨自吞嚥苦楚，選擇默默看他的動態，選擇去相信會有那麼一天，小松走到她面前說：「妳還好嗎？我們好久不見，不如一起吃個飯然後重新在一起？」呵，這是多麼可笑的幻想，一切都回不去了。

她失去了他。他不會在冬天裡用肚子幫她暖腳了，不會存著薪水為她買禮物逗她開心了，不會在她感冒時為她熬薑糖水了，不會在她半夜裡說想吃東西時騎著摩托車為她送去了。因為他已經找到了那個對他好的女孩了。

分手之後的 Maggie 表面上看著不以為意，其實她還是很在乎小松，還是會在夜深人靜時聽著情歌流眼淚。她和我說過無數次，只要小松肯回頭，她願意放棄一切重新開始。她說她弄丟了青春期，也弄丟了那個無條件對她好的男人。

要忘記一個深深愛過的人，最好的方式是什麼？不是以惡毒的語言咒罵他，也不是找對方一哭二鬧三上吊，更不是到處和別人說他有多差，而是我祝福你過得幸福快樂，希望我也同樣過得幸福快樂。我對你還有愛意，但這種愛意僅僅是因為彼此相愛過，無關其他。

這些年裡，我看著 Maggie 在感情裡逐步成熟、理智，甚至可以毫不避諱地承認是小松的離開讓自己在感情裡學會了獨立，也學會了如何去愛。現在，Maggie 終於遇見了一個可以和她共度餘生的男人。

那天，我和 Maggie 一起吃飯時她突然說自己想結婚了。我笑著說這是好事，能夠釋懷過去展望未來更是好事。可是，感情要的是慎重、理智，尤其是對於婚姻而言，更要三思而後行。

我明白Maggie內心的想法。她看著身邊的人都結婚了自己也很慌張，也想趕快找一個人穩定下來，然後去過幸福美好的生活。但是，我更希望大家在談到婚姻時，更成熟理智一些，不能因為一時興起或同齡人帶來的壓力而選擇結婚，這些都是很幼稚的想法。

希望妳不再是當初愛得天真莽撞的小女孩了，希望妳對待感情理智而成熟。希望妳提起往事時波瀾不驚，談及未來時閃閃發光。希望妳孤單時總有肩膀讓妳依靠，希望妳流淚時有人在妳身旁說：「乖，別怕，我一直都在。」

愛情裡，卑微換不來天長地久

那些在感情裡愛得太卑微的人，像一根不起眼的髮絲或是地上的一粒塵埃，只要給一個微弱的訊號便會熱情地回應，給一點微風的撫慰便會盛大地起舞。他們仰著頭去愛一個人，卻忘了對方是在高傲、居高臨下地看著自己。

雅希問我：「在愛情裡愛得太卑微了，會不會無法做自己？」

我想了一會兒告訴她：「我也不知道如何回答妳這個問題，因為曾經的我也是一個在愛情裡愛得很卑微的人。和前任在一起時，我想方設法地對她好，拚盡全力地討對方的歡心。我以為我愛得那麼洶湧她也會同樣愛我愛得奮不顧身，結果是我想太多，她只對我愛七分，我卻對她愛十分。分手後我終於明白了，真正的愛情沒有高低，只有平等的付出。」

雅希聽我說完後，又問我：「那麼卑微地愛著一個人，會不會後悔？」我斬釘截鐵地說：「不後悔。」我知道雅希的心思，她無非就是想知道還有沒有人像她一般那麼卑微地愛著一個人，這個世界上是不是只有她一個人的愛情需要這樣委曲求全。

在這個世界上，有很多人與你我一樣，曾經卑微地愛過一個人。我們拚盡全力地愛著對方，總是害怕對方感受不到自己對他的好，愛對方勝過愛自己。最後被愛情傷得潰不成軍才發現，在愛情裡愛得太卑微的人，其實是缺乏安全感的。

雅希剛和前男友林子分手時，隻字不提自己的「傻」，還在唸著前任的「好」。林子有一段時間在外地上班，雅希擔心他過得不好，更擔心外面的飯菜難吃，便隔三差五地請假跑到林子上班的城市幫他洗衣做飯。

朋友們都勸雅希，說不必對過去念念不忘了，那個男人不值得她去懷念。但雅希那時候還偏執地認為自己付出了那麼多會讓前任感動，會讓他回頭與自己重新開始。她真是太傻太天真了。

每當雅希想前男友時，她會主動傳訊息問對方在幹嘛。聊著聊著，前任開始動歪腦筋，問雅希身上有沒有錢，他需要幾百塊錢買一個東西。在前男友的花言巧語下，雅希還是和曾經一樣傻，居然真的把錢給了前任。

其實她不知道，她對林子已經太好太好了。兩人在一起時，付出最多的總是雅希，無論是坐車、吃飯還是購物，基本上都是女生出錢，男生從來不會主動付錢。問及原因，女生說戀愛裡不分彼此。對，戀愛的確不分彼此，但戀愛講究的是平等，你給我陽光，我便還你溫暖，而不是我給你溫暖，你慾求不滿。

除了在金錢這一塊對前男友特別捨得外，兩人每次因為瑣事吵架，最先妥協的總是雅希，男生總是高高在上。就算是男生不對，雅希也會檢討自己，覺得是自己做得不夠好才惹男友生氣，繼而又變著花樣地去逗男友開心。她的這種做法我們幾個朋友都不贊成，大家都說她愛得已經失去自我了，男女交往中最忌諱的便是不平等的愛。

你愛一個人若是愛得特別卑微，你的付出在對方眼中便成了理所當然。因為對方早已習慣了這樣的關係，只知道坐等收穫，對你指指點點，從不看看自己為這份感情做過什麼。他們認為你所有的付出都是應該的，一旦你沒有那麼用力地去愛了，對方又會說你變了。其實你沒變，你只是學會了心疼自己。

雅希和男友在一起一年多的時間，總共在男友身上花費了幾萬塊錢，因為她實在是太愛他了，或者說，她太害怕失去他了，她以為只要瘋狂地對男友好，他就能一直留在自己身邊陪自己到地老天荒。但是她想錯了。我說：「妳這是在用物質綁著前男友，不是愛。一旦妳停止了物質上的給予，那麼他會立刻走人，甚至不說一聲。」

愛得太卑微的人，注定要一次又一次地在愛情裡丟掉尊嚴，一次又一次地受傷，最後還要強撐著假裝快樂。感情就好比是一輛馬車，不該是一人揮著鞭子指揮，另外一人坐著享受。我認為好的感情是兩個人共同掌握方向，是互相幫助共同進步，而不是你高高在上地指導我應該如何去愛。

曾經，雅希總愛問我：「為什麼我為他付出了那麼多，最終得到的卻是分手，連一句謝謝都沒有？」我不知道該如何回答。

她是用物質拚命地對一個人好，曾經的我，是用感情拚命地對一個人好。等到時過境遷、物是人非後才發現，這一切根本不值得。愛得太卑微了，在感情裡便永遠都只能充當被動的角色，沒有主動的權利，更沒有發脾氣的資格。因為你缺乏安全感，你害怕失去，所以你特別在意這段感情。

因為害怕失去，即便妳發現半夜醉酒回家的男友身上有女人的口紅印、髮絲、香水味，妳也會假裝沒發現然後幫他洗衣服，妳怕妳的質問換來的是分手；因為害怕失去，妳準備了一週的燭光晚餐因為男友的一句週末有應酬而不得不取消，妳不敢去強求太多，妳害怕男友大發雷霆最後選擇離開。妳總是以為只要一切順著對方就能換取歲月靜好的幸福生活，實際上，地久天長靠的不是一方的抓緊，而是雙方的維繫。

作家張小嫻說：「留住一個人的，從來不是卑微，而是活得出色和獨立。」美好的愛情不是靠丟掉尊嚴的妥協，愛一個人也不是傻乎乎地付出、取悅、迎合，為了讓對方滿意而去改變自己。如果對方不愛你，無論你做出任何改變，他還是不會愛你。相反的，只會把自己搞得像批發市場的促銷商品一樣，廉價又低端。

感情裡，如果對方以「你要為我改變我們才能繼續發展下去」為理由來要求你去改變自己，那麼我認為大可不必繼續發展了。你為對方改變一些小缺點可以，但完全改變自己倒是真沒必要。況且，他喜歡的是改變之後他所期待的你，而不是那個原本的、真實的你。愛情不是為了把你留在我的身邊而委曲求全迎合你，愛情是像花兒與蝴蝶那般彼此吸引、共同成長。

最近一段時間，雅希總是想盡快擺脫單身，感受兩個人的溫暖。我和雅希說：「去愛可以，愛得瘋狂也可以，但不要再讓自己變得卑微，更不要為愛委屈了自己。妳在愛情裡的性格和我太像了，我們都是缺乏安全感的人，都會把感情當救命稻草那般抓得緊緊的，最後又會被那些感情所傷害。」

我見證過雅希灑脫放下前任的過程，也看見過她悄悄流淚的樣子。一旦別人幫她介紹對象，她就會馬不停蹄地對對方好，因為她想讓男生知道，她是一個在感情裡愛得很努力的人。一旦你給她一點陽光，她便會開出一片花海讓你知道她的心意與熱情。

前幾天，雅希和我說有個男生和她用通訊軟體聊得火熱，但僅僅只是聊天，因為男生沒有主動和女生坦白心意，女生則更不可能主動去表白了。我問她：「那妳為什麼要貪戀這種耽擱時間並且毫無意義的聊天呢？」她笑著告訴我：「當身邊沒人陪伴時，如果有人陪自己說說話聊聊天感覺滿好，至少下班回到家後不再是一個人抱著小狗坐在床上看劇，而是有人和我閒聊打發時間。」我告訴她：「聊天可以，但不要沉迷，當妳把時間花費在聊天的過程中時，有可能會耽誤自己與對的人的相遇。更何況，在聊天的過程中語言曖昧的男生有可能並不是真的愛妳，只是想撩撥妳而已。對於在愛情裡愛得太卑微的女生而言，千萬不要把這種聊天關係當成是真愛，也許對方只是打發時間而已。」

我提醒過雅希，下一次戀愛時不要愛得掏心掏肺了。她說她知道，她不會再像以前那樣傻傻地去愛一個人，愛到弄丟了自己的靈魂。她要去尋找一份愛得平等的感情，就算現在單身也不會害怕，因為單身期也是一個人自我提升的好時機，至少她可以趁現在學會理智面對感情。

如果將來你遇見一個在愛情裡愛得特別卑微的人，除了好好珍惜，也請記得告訴對方，愛情不是一個人寫完劇本又負責演出，兩個人要共同參與。如果曾經的你或者現在的你是一個愛得卑微的人，也請記得告訴自己，在愛情裡愛得奮不顧身並不是一件好事，畢竟平等才會讓愛長久，卑微只會讓愛變得不公平。

親愛的，希望你懂得，凡是需要以卑微的姿態去抓緊的人，都不值得你去愛。

願妳輸過之後，仍有愛得驚天動地的驕傲

「我不想去愛了，我怕了。」「為什麼受傷的又是我？我並沒有做錯什麼。」「為什麼前任那樣對我？」這些應該是妳的口頭禪吧？我猜妳也是一個很害怕失去的人，因為在愛情裡受過傷害，所以妳害怕痛苦，害怕付出得不到預期的回報。

有時候，妳看著身旁的情侶牽手走過，妳突然想，如果自己也有對象該有多好，可是，妳又害怕失去，害怕遭到戀人的背叛。

在愛情中，妳全身心地投入進去，愛得死心塌地，最後換來的卻是對方的一刀兩斷。妳不甘心，妳想知道為什麼。對方說年輕時的愛情都是如此，多談幾次戀愛就明白了。只可惜，經過這次戀愛後，妳再也不敢去愛了，因為妳害怕失戀、害怕分手。妳不明白穿越人山人海好不容易才能夠走在一起的人，為什麼要分手。

於是，妳彷彿習慣了一個人的生活。餓了妳會叫外賣，孤獨了會拿出手機找人聊

天，寂寞了會玩遊戲或者看劇。親愛的女孩，我懂妳現在的感受，妳所有的害怕，其實都有因可循。

說起來，林喜就是一個在愛情裡受過傷害便不敢再去愛的女孩。林喜是我在機場候機時認識的女孩，那天她坐在我旁邊，見我在看書便主動與我交談。我倆有一搭沒一搭地聊著，她說她是回家鄉工作，我說我去旅遊。於是我們互相加了好友，到家後，我又找她一起吃了火鍋。

在我眼中，林喜是一個樂觀健談的女孩子，她說話的聲音很清脆，我故意開玩笑說：「妳這樣的女孩子應該有很多男生喜歡。」她笑笑說：「我在公司裡屬於『中年人』了，新來的小鮮肉都會故意叫我『阿姨』。而且，我被上一段感情傷怕了，不敢再去愛了。」

林喜在大學裡交了一個男朋友，兩人從大一走到大四，在大學四年裡，兩個人的感情很好，畢業分手的原因是林喜選擇放過自己。林喜身邊的閨蜜一致認為男生是一個十足的渣男，在林喜身上蹭吃蹭喝，覺得談戀愛女朋友給錢理所當然，基本上很少付錢，都是林喜在付出。

聽完林喜的經歷後，我有點心疼眼前這個樂觀開朗的女孩，問她男孩到底有沒有愛過她。林喜說有，只可惜男孩的野心太大，也怪自己愛得太奮不顧身。在大學裡，男孩的蘋果手機是林喜向家人要錢買的，男孩出去玩沒錢了，也是林喜給錢。林喜的家庭條件中等，每次向家裡要錢都是以自己的名義。她有些過意不去，但又心疼自己的男朋友沒錢用，便只好委屈自己。

林喜身邊的閨蜜都勸林喜早點放手，林喜不肯。她認為或許等到畢業後男孩有工作就好了，也許那時候他就能懂得賺錢的辛苦，懂得一切的來之不易。

其實，林喜就是一直為自己找理由罷了。兩人之前在外面租房住的那段小時光太過美好，她捨不得放手。兩人下課後一起買菜做飯，一起打掃環境，一起依偎在沙發上看電視。男孩主動幫她洗衣服襪子，林喜坐在一邊偷拍他洗衣服的樣子發社群動態，惹來很多朋友的羨慕，大家紛紛留言說「秀恩愛分得快」、「禮金已備好，就等你們結婚了」。林喜也篤定地認為，眼前的男孩就是她值得託付一輩子的人。

每當林喜和閨蜜說她想和男孩過一生時，她的閨蜜們都堅決反對，因為男孩只知道用林喜的錢，很少買東西給林喜，她們都認為林喜被男孩利用了。林喜自己知道，是她愛得太深了，男孩卻沒有像她愛得那麼用力。

隨著畢業的臨近，林喜必須得做出一個決定，最終她選擇了分手。儘管男孩問了無數次為什麼，也說了很多承諾，林喜仍決意分手。她知道長痛不如短痛，與其卑微地愛著一個人，不如放過自己去重新遇見另一個人。

分手後，林喜沒有立即去談戀愛，而是把心思都放在了工作上，用忙碌與夢想來治癒愛情的創傷。時間久了，身邊有朋友幫林喜介紹對象，林喜婉拒，說想再等等。公司也有同事跟林喜表白，她婉拒說兩個人不合適。

其實，林喜就是害怕受傷故而選擇拒絕戀愛。這是她單身生活的第二年，她說也許到了第三年她內心的傷痕會痊癒，也可能不會。我問她：「如果一輩子都無法痊癒，妳難道一輩子都不給自己重新開始的機會嗎？」

妳在愛情裡奮不顧身地付出了，結果沒有得到收穫，反而因為失戀傷心難過了好一陣子甚至好幾年。妳因此拒絕戀愛，實際上是忽略了兩方面的問題。

從自我來說，失戀是幫助妳認清一個人，讓妳知道有些人不值得妳用盡全力去愛，並且告訴妳愛情並非十全十美，它也有自己的遊戲規則。妳要學會成熟，要懂得不是所有人都值得妳拿真心去對待，這樣才不至於被傷害得狼狽不堪。

從外界來說，失戀是告訴妳你們不合適，妳也許是對的人，但不是他生命中對的人。失戀的好處就是給了妳更多的可能性，不要緊握著過去不放，要調整好自己的狀態，去迎接全新的自我、全新的生活與對的人。

我也有過這樣一段時間，因為害怕在愛情裡奮不顧身付出得不到回報，於是就一直過著單身生活，最後單身了好幾年。現在想想，的確是自己太傻了，為一個早就已經離開的人封閉自己，完全是在耽擱自己與對的人相遇。

那時候，第二段感情結束，我很害怕愛情，我告訴自己寧願單身一輩子也不要去談戀愛，因為戀愛意味著會有背叛、分手、哭泣的可能。為了避免這些可能的發生，我寧願不要愛情，就像詩人顧城所寫：「你不願意種花，你說，我不願看見它一點點凋落。是的，為了避免結束，你避免了一切開始。」等到經歷了是是非非，等到時過境遷、芳華不再時我才恍然大悟，原來這些年我一直堅持的觀點是錯的。如果我因為害怕愛情故而選擇抗拒，那麼愛情裡的酸甜苦辣我都無法感受，這將是人生中很大的遺憾。

我也經常收到讀者的訊息。二十歲出頭的年紀，她們訴說的除了這個年紀該有的迷茫外，還有無處安放的愛情。我問她們為什麼愛情會無處安放，好幾個女孩都告訴我是因為害怕在愛情裡受到傷害，不知道該怎樣去愛了。其中有一個讀者的留言讓我印象深刻，大致內容是說與前任分手後傷口並沒有快速癒合，反而越是努力去忘記，越是刻骨銘心。她聽見前任喜歡的歌會哭，看見個子高的男生的背影會哭，甚至身邊的朋友為她介紹了新的對象，她卻和別人說自己無論如何都忘不了前任，最後對方撂下狠話說：「妳這種人只適合活在回憶裡。」

因為被傷害過所以選擇封閉自己，妳以為這是一種保護，其實只會把自己弄得傷痕累累。重新開始不等於重蹈覆轍，而是去遇見新的人與新的時光。

別再因為害怕在愛情裡受到傷害而選擇不談戀愛，這樣做最後受傷的仍是妳。請妳試著打破自己畫地為牢的枷鎖，試著去重新開始。別害怕愛情會失敗，也別害怕愛了之後不會天長地久，把那些失敗與傷害當作幫助妳成長的經驗，當作澆灌妳內心強大的雨露，說不定這一次嘗試之後，一不小心就能走到白首呢！

因為有你相伴，我不怕山長水遠

希望妳做一個愛得起也不怕等的人。

一個人的時候，想縱情高歌就縱情高歌，想放聲大笑就放聲大笑，想狠狠哭時就狠狠地哭，但是前提是要照顧好自己。

妳要好好愛自己，不是隨心所欲地晚睡晚起，也不是壓抑悲傷強顏歡笑，而是在愛情缺席的時候能夠利用一個人的時光好好充實、豐富自己，不會因為寂寞就匆匆忙忙地隨便找個人陪伴。當別人都擔心妳一個人過得不好時，妳可以發自內心地笑著說：「我很好，大家真的不用擔心我。」

兩個人的時候，不辜負時光與對方。不必愛得驚天動地，一定不要患得患失，不要以捆綁的形式去束縛對方。別忘記為愛情留一點空隙，也別忘記愛情是兩個人共同演出的連續劇，不是一場有時間限制的青春電影。

說起來，徐念念就是一個愛得起也不怕等的人。她與大黃在一起六年，兩個人從曾經的生活日常到現在的詩和遠方，從曾經的莽撞天真到現在的相濡以沫。

徐念念在讀大學時經朋友介紹認識了學長大黃，一個喜歡動漫和跑步的陽光男孩。徐念念到現在還記得她與大黃初次見面的場景。那天正值學校運動會，徐念念沒報名什麼比賽項目便準備和同學去逛商場。正巧學生會的學姐讓她幫忙替運動員送送水遞遞紙巾，徐念念想著是小事一樁，也不會耽擱太長時間，於是便答應了。

緣分真的很奇妙，該妳桃花朵朵開時，妳擋也擋不住。學生會的學姐安排徐念念送水之後，徐念念以為就此便可以和同學去逛街了，誰知道大黃還有運動項目，讓徐念念幫忙照看一下衣服和手機。本就是受人之託，徐念念不好拒絕便答應了，誰知道最後忙了整個下午，完全耽擱了逛街的時間。不過讓她看管衣物的男生很帥，徐念念也就原諒了他。

運動會結束後，學生會的學姐發來簡訊，邀請徐念念參加週末的一場感謝晚會。徐念念想反正閒著也是閒著，於是打扮了一番赴約。這場晚會主要是感謝學生會成員在運動會上的辛苦付出，徐念念覺得無趣準備走時，在門口遇見了那天讓她看管衣物的男生大黃。徐念念近視眼看不清，還是大黃發現了她，拍了一下她的肩膀與她寒暄了一番。他邀請徐念念等到晚會結束後和幾個同學一起去唱歌，恰好有自己認識的同學在，徐念念便答應了。

同學們在KTV唱歌時都唱開了。讓徐念念意想不到的是，大黃還是一個「麥霸」，唱劉德華與張學友的歌時非常有男人味，徐念念一直躲在旁邊悄悄關注著。不一會兒，有同學見徐念念一直盯著大黃便做起了媒婆，為徐念念介紹大黃。誰知道大黃率先說他知道她叫徐念念，讀中文系，而且運動會那天還幫自己看管了一下午的衣物，要趁著唱歌的機會敬酒感謝呢！徐念念被大黃說得有些不好意思，一直低著頭玩手機，旁邊同學起鬨說徐念念臉紅了，肯定喜歡人家。大黃喝了些酒，藉著酒勁拉著徐念念的手對旁邊的同學說：「我倆是在一起了，不過是我追她。」大黃這樣說完後，徐念念更加心跳加速、不知所措了。

當天晚上回到宿舍後，徐念念一直在想大黃說的那番話。她不知道大黃是喝醉了酒胡亂說的，還是酒後吐真言。

第二天中午下課後，徐念念的一個同學發簡訊給徐念念，叫她一定要去學校餐廳吃飯。徐念念不懂為什麼搞得那麼神祕，到了餐廳後才發現原來大黃也在。看見大黃坐在自己的對面，徐念念又有點小鹿亂撞、不知所措，吃完飯後也沒說話，就一直低頭玩手機。

大黃主動向徐念念要了聯繫方式，兩人互相交入好友後便經常聊天。大黃外表看起來不愛說話，網路上的他卻像是一個話癆，總是主動找徐念念聊天，沒有話題聊時就問「妳在幹嘛」、「我宿舍同學不洗襪子太臭了」、「今天在餐廳怎麼沒看見妳」這些有一搭沒一搭的話。徐念念知道大黃肯定對自己有意思，要不然怎麼會耗費時間在自己身上呢？

某次在社團裡，會長讓大黃與徐念念等一幫同學用方言排演一個小品，徐念念性格比較文靜所以有些害羞，大黃倒是拍拍胸脯爽快地答應了。誰知道排練的過程並不順利，徐念念只擅長文字，不擅長做肢體動作，演小品時很僵硬。這讓另外一個女生十分不悅，當著眾人的面指責徐念念演得不好，會讓團隊丟分。大黃聽完女生這樣說後立刻幫徐念念說話，指責女生太過嚴苛：「又不是參加什麼比賽，幹嘛那麼多要求，難不成要去拿第一名？再說了，小品小品，本就是逗同學們一樂，重在參與即可，提那麼多要求幹嘛呢？」徐念念看見大黃幫著自己說話，雖然嘴上沒作聲，但心裡對大黃的好感又提升了一些。

經過一段時間的相處，徐念念發現大黃這個人很不錯，四肢發達但是頭腦絕對不簡單，知道如何獲取女孩子的芳心。大黃從細節方面入手，讓徐念念感覺他是一個值得依靠的男孩。

比如，兩人一起去市區買東西時，總是大黃幫著提東西，在公車上也是大黃幫徐念念揹包包；走在馬路上，大黃總是走靠外面的位置；在餐廳吃飯時，大黃會讓徐念念先坐下後自己才坐，點餐時從來不挑食，總說徐念念吃什麼自己就吃什麼。徐念念看得出來，她與大黃的關係已經不同一般，只差機會表白了。

我問過徐念念：「是什麼原因讓妳願意和大黃走在一起，並且不離不棄一直陪伴到現在？」徐念念說她沒有想過為什麼，因為她覺得愛情裡不需要那麼多為什麼，如果總是去糾結為什麼、憑什麼，反而會受傷，倒不如順著感覺走。如果非要問為什麼的話，那麼答案便是信念感，因為她與大黃都堅信兩人會結婚，生兒育女，看著兒女長大然後幸福地老去。

是啊，愛情幹嘛要去追問太多，喜歡就在一起，合適就天長地久，多麼簡單的道理。很多時候並不是愛情這件事傷人，而是你我喜歡把自己武裝得像刺蝟一樣，想要靠近彼此就不得不互相傷害。

席慕蓉說：「在年輕的時候，如果你愛上了一個人，請你，請你一定要溫柔地對待他。」對於愛情，我們要麼大言不慚地說自己要和這個人過一輩子，將來還要一起周遊世界，要麼信誓旦旦地說要給對方世界上最溫暖美好的愛。可是到了最後，經過時間與歲月的考驗，最初的激情與莽撞褪去之後，妳是否依然像當初那樣愛著身邊的人呢？

愛情不需要妳把它說得天花亂墜，也不需要妳用華麗的辭藻去裝點，妳只需懂得，愛情要的是潤物細無聲的陪伴，是不離不棄的堅定承諾。

說起來，大黃並沒有轟轟烈烈地對徐念念表白。徐念念告訴我，大約是在他們倆認識了一個月後，某次吃完宵夜，大黃藉著酒勁，在送徐念念回女生宿舍的路上，對她說了很多肉麻的情話。徐念念嘴上說大黃老土，表白都沒什麼創意，其實她心裡明白，她要的就是這種細小卻又真實的感動。她不需要浮誇的言語，也不喜歡把表白搞得人盡皆知，愛情是兩個人的事，你喜歡我，我陪著你，如此便好。

兩人在一起後並沒有發生太多驚天動地的事情，他們的愛情細水長流，從大學裡的相遇相知相戀，到大學畢業後攜手共進，再到見了雙方家長確定了婚約，一不小心便走到了現在。我問過徐念念的愛情保鮮祕訣，她說沒有什麼祕訣，只是懂得理智對待每一次吵架，也懂得去換位思考，更懂得以一顆溫柔的真心去相信大黃，相信這段真摯的感情。

在這個世界上，總有那麼一個人能夠治癒妳的傷心難過，他的出現會讓妳重新相信愛情的偉大。他喜歡妳不是因為你們恰好遇見，而是因為你們對於彼此而言都是千載難逢的人，是在與很多人錯過之後才能夠走到一起的人。對於這樣的人，妳要珍惜，也要好好去愛。

現在，徐念念和大黃快結婚了，兩個人的日子雖然過得很平淡，雖然也會因為瑣碎小事吵架，但愛情不就是這樣嗎？有風平浪靜，也有驚濤駭浪。恰好是這些困難的出現，才讓你我知道愛情的來之不易，也讓你我更懂得珍惜身邊一直陪伴的人。

親愛的，如果妳暫時還沒有遇見那個願意用一輩子的時間來守護妳的人，沒關係，妳要做的是把自己變成一束光、一朵花，在散發溫暖的同時吸引對的人到來。在這個過程中，妳千萬不要氣餒，因為總有一個人會與妳不期而遇。

當妳相信美好，才會遇見美好

前兩天在紹威開的酒吧喝酒時，老明問我：「你相信一生一世嗎？」

我說我相信。在愛情面前，一生一世是一團火、一束光，它指引我們走向海誓山盟、地老天荒。一生一世也是一種力量，讓受傷的人願意再一次相信愛，獲得新生。

老明說，他和他女朋友歡喜在一起五年了，這是他拚盡全力去愛的可愛女人，也會是他愛的最後一個人。他不在乎所謂的海枯石爛，不奢望所謂的三生三世，他只拚盡全力去愛現在，去珍惜此時此刻擁有的分秒時光。老明說這句話時，我看出了他眼神裡的堅毅，聽見了他語氣裡的決心。

是的，在愛情面前，一萬年太久太浮誇，所謂的地老天荒也太過虛無飄渺。戀愛的意義不是讓你去拿歲月許承諾，亦不是讓你去炫耀自己的愛情多麼長久。愛情不看生生世世，只看當下。你能夠好好去愛現在，去愛此時此刻身邊陪伴著的人，這便是彌足珍貴的美好。

那天，我故意逗老明說：「你們是靈魂相伴的人。」他笑笑，沒說話。過了一會兒，他說：「我們是拿下半生陪伴彼此的人，她陪我走春夏秋冬，我陪她走餘生時光。」

五年前，老明與女朋友歡喜相識，那時候的他也沒有想到能夠與她走到現在，畢竟誰都有過年少輕狂的時光，只知道看眼前，沒有想過未來。和女朋友在一起時，老明全心全意地對她好。我說老明像是霸道總裁，總是冷不防地給女生「小確幸」與小溫暖。

比如，問老明健身的原因，他嬉皮笑臉地說自己強大才能給女孩子安全感，畢竟小女生都需要強大的男人保護。所以，女孩子缺乏的安全感他給得起，他有寬厚的肩膀讓女孩依靠。他認為女人天生就是拿來寵溺的，他有責任讓她過得安穩踏實。

在我看來，安全感不是嘴上說的「我愛你」，亦不是用物質的滿足來填補精神的空虛。安全感是你此時此刻陪我吃飯、看電視，抱我入睡，給我真真切切的陪伴。與其每天說著生生世世永不分離，不如陪我過好現在的喜怒哀樂。

哥倫比亞作家馬奎斯說過：「真正的愛情需要什麼？需要兩個人在一起是輕鬆快樂的，沒有壓力。」老明與歡喜在一起的時光瑣碎平淡，沒有什麼驚天動地的故事，唯一算得上轟轟烈烈的事，便是老明在歡喜生日時當著眾多朋友對她告白的場景。總之，兩個人在一起的時光很穩定，沒有什麼大吵大鬧，更談不上洶湧澎湃，就是過著不溫不火的日子。

那天和老明閒聊，我問他情侶在一起久了後，該如何去打敗歲月裡的平淡與偶爾出現的小情緒。老明說，兩個人之間的相處法則很簡單，無非就是理解與愛護，知道小吵小鬧後始終有個人在家等著你回家吃飯。幸福其實很簡單，就是陪著身邊人過好真實的今天，沒必要總是把愛你一萬年這樣的浮誇言語掛在嘴邊。

我在和老明的聊天中察覺出他是一個成熟穩重的人，他說話時很少用「可能」、「或許」、「大概」這些充滿不確定性的詞語，更多的是用篤定的口吻來回答問題。在愛情中，他不會粗心大意、丟三落四，既不會去誇大自己的愛情，又不會去顯擺自己有一個愛了那麼多年的女朋友。他知道愛情不是語言上的美好，而是行動上的擔當和責任。

身邊時常有一些陷入愛河的女性朋友問我：「如何鑑定一個男人對自己是不是真心？如何辨別男人是不是對自己動了情？怎樣才能知道這個男人會不會陪我到老？」每當聽見這些問題，我都會笑笑說：「當妳問我這樣的話時，妳的潛意識裡已經覺得這個男人不夠愛妳，即使他是真的愛妳，是真的想和妳結婚組建幸福的家庭。」

判斷男人對妳是不是真心不靠旁人的話語，也不靠網路上所謂的鑑定法則，而是靠妳在平時生活中的觀察。當一個男人全心全意愛妳時，妳一定會感受得到踏實的安全感，這份安全感堅如磐石，讓妳相信他是那個一輩子都不會離開妳的人。

我也是一個在愛情裡缺乏安全感的人，一旦愛了，就會愛得毫無保留。但我知道，只有當我確定這個人值得我拚命去愛時，我才會那麼奮不顧身地去愛。很多女孩說自己在愛情裡缺乏安全感，但是妳要知道，愛是雙向的溝通與付出，而不是一個人站在舞臺上演獨角戲。

說真的，我挺佩服老明對女朋友無微不至的愛。女朋友說缺乏安全感，老明就會去學散打，健身，剃圓寸，努力工作賺錢，在過馬路時牽她的手，走路時永遠讓她走在裡邊的位置，不讓她一個人走夜路回家。你看，這就是一個男人以直接的形式來表達的洶湧的愛，他沒有那麼多玲瓏巧思來逗妳開心，但一定會從一些小細節上讓妳知道，跟著他妳會感覺到幸福與踏實，妳願意把餘生的年華交給他。

真正對妳好、愛妳的人不會和妳耍嘴皮子，妳說妳感冒了他不會讓妳多喝熱水，而是立刻揹著妳去醫院打點滴，又或者買藥餵給妳吃；他不會在妳不開心時傳訊息安慰妳，而會買一些小禮物出現在妳面前給妳驚喜；他不會每天說那麼多「我愛妳」，但他會在週末與妳一起買菜做飯，吃完陪妳去看電影，看完再一起回家，讓妳感到溫暖。總之，一個男人愛妳，定會全力以赴地去愛。

我和大家分享朋友老明死心塌地愛女朋友的故事是想告訴妳們，值得妳奮不顧身去愛的好男人真的存在，妳要懷有信念，相信自己可以遇見。愛情始終是互相扶持的過程而不是單方面的付出，不需要做愛情裡的王者，但也不要做乞丐，要做陪他一起成長的同路人。

女孩們，不要再耗費時間去糾結男人到底有多愛妳，也不要以網上的法則來檢驗自己的生活，畢竟具體問題還得具體分析。法則始終只是參考，要解決問題還是要依靠自己的判斷。一個男人若是對妳動了情，想和妳共度餘生，那麼他只會對妳一人霸道、專情，他對妳的愛和對別人的愛絕對不同，他就要讓妳享受專屬的愛。當一個男人奮不顧身地愛妳，請妳也要奮不顧身地愛對方。當兩個人都拚命守護著彼此時，說不定一不小心就會白頭偕老。

愛情沒有所謂的「最好的時間」與「對的人」，妳在任何時間、地點、年齡，只要遇見了心動且值得妳去愛的人，這些時光都是好時光，這個人也是對的人。有些事情，只有我們相信了才會存在。同樣的，只有我們相信自己會遇見美好，幸福才會來敲響生活的門。

Part 4

你年紀輕輕，應該拚盡全力去生活

總有一個夢想，值得奮不顧身去熱愛

在追求夢想的道路上，那些頭戴王冠、光芒熠熠的人起初也和我們一樣平凡普通，也被別人嘲笑過，也被生活無情地打擊與傷害過。他們最終能夠獲得成功，既是因為外界的支持與自身的運氣，又是靠著每一天為夢想付出的行動以及專注，除此之外，還有最重要的一點：不信命、不認命的堅持。

我的一個作者朋友文長長，第一次出書便取得了5萬冊銷量的好成績。剛認識長長時，她每天都在更新文章，還為自己定下了每週閱讀三本書、每天寫一篇文章的目標。我說：「妳也太拚了，要多注意身體。」她倒是回覆我說：「沒事，反正大學時間多，而且我也習慣了白天看書晚上寫文章的狀態。」

那時候，長長說她要努力在大學畢業前出版一本自己的書。後來，她靠著自己對寫作夢想的堅持實現了這個目標，出版了一本暢銷書——《我哪懂什麼堅持，全靠死撐》。與此同時，她也成了網路平臺簽約作者和新媒體專欄作者，第二本書也成功簽約。

只是，當長長的第一本書賣出不錯的銷量後，她周圍的人卻並不看好她，覺得她出書是靠關係、靠家人。每當聽見這樣的話時，長長都感到無語，因為她只是一個沒有背景的普通女孩。

長長從小熱愛閱讀，讀過很多名家經典作品，每當看見別人的文字印刷成書時，她就在心裡想著會不會在未來的某一天，自己也能成為一個作家。於是，憑藉對文學的熱愛，她說做就做，開始在網路發表自己的文章，積極地向各大雜誌或新媒體投稿。

在長長還沒有開始在網路上寫文章以及出書時，她是一個自卑的女孩。國中時期的她胖胖的，厭惡上體育課，厭惡班上同學對她的孤立，厭惡那些口無遮攔的男同學，更厭惡運動會。總之，長長的國中就是在自卑中度過的。

進入高中後的某一天，長長寫的作文得到了國文老師的表揚，被當成範文在班上唸了出來。這時候，長長才知道原來自己的文章寫得很不錯。老師的鼓勵以及優異的學習成績讓長長不再像國中時那麼敏感自卑，開始逐漸變得自信，開始為了當一名作家的夢想而努力。

對於夢想，如果你努力，歲月自然會給你美好的答案。長長告訴我，她也不知道自己能夠在大學畢業前出書，她只是在心裡告訴自己，寫了文章總比沒寫好，所以一定要堅持下去。的確，夢想從來不會讓努力的人白白付出，只要你不放棄自己並且用對方法，選對發展的道路，願意去努力去奮鬥，那麼你的夢想就有可能會成真。

對於寫作夢想，長長靠的就是每一天的堅持與熱愛，靠的是不放棄的執著。她不甘心過平凡的生活，她想讓自己的青春過得熱烈一些，想在生活面前變得有底氣一些，僅此而已。她知道自己只是一個普通女孩，不像一些人含著金湯匙出生，她理想中的美好生活還得靠自己去打拚。

是的，對於夢想，我們不要好高騖遠，也不要因為現實殘酷而不敢去追逐夢想，試著把夢想分割成一個個中短期奮鬥的目標，這樣或許會讓你向它一步步靠近。世界給每個人都留有表演的舞臺，關鍵看你有沒有做好準備，有沒有信心去讓自己華麗綻放。

二〇一六年夏天我去旅行時終於和長長見面了。我們一起吃飯聊天，長長告訴我寫作真的很不容易。既然自己愛好寫作，那就當它是生活的調味劑，至少，當別人的日子變得規律卻無趣時，她還有愛好可以堅持。

有時候她也會焦慮，尤其是看著其他同學畢業後的工作都已經安排好了，她更加惶恐，不知道自己一直堅持寫作夢想是否正確。我對她說：「怕什麼呢，寫作技能便是妳闖蕩江湖的武器，與其整日糾結，不如做好規畫付諸行動，去為夢想付出。」

現在的長長打算在畢業後找一份新媒體相關的工作，繼續在業餘時間堅持自己的寫作愛好。她未來的目標就是寫自己想寫的文字，愛一個旗鼓相當的人，早日過上自由自在的生活。

對於寫作，我自己也堅持了快十年的時間，從高一那年只是寫給自己看的心情紀錄，再到申請部落格寫給別人看的文章。我只有一個信念，便是只要我寫了就是好的。至少，寫過的文字替我記錄了歲月與青春。

記得剛開始投稿到雜誌時總是碰壁，有時候等了一個月也沒有得到編輯的答覆，最終結果自然是石沉大海。有時候第二天就收到了回覆，興高采烈地開啟信箱後，才發現收到的是「文字不錯，但需要努力」、「暫時不符合我們雜誌風格，多多加油」這樣的退稿郵件。那時候的我很玻璃心，總愛抱怨別人為什麼不能給自己一次機會。長大後我才知道，機會遍地都是，但只有自己做好了充足的準備，才能與機會不期而遇。

我知道，比起別人我有諸多不足，但我隨時都在調整自己的目標。現在的我不再去和別人比名次，因為我已經錯過了最好的機會。我開始把目標定為「長銷書」作者，開始專注於實體出版，我相信比起網路上的碎片化閱讀，實體出版品更有溫度，更能帶給人力量與收穫。

請你相信，任何夢想的實現都不是朝夕之間的成功，必定會經歷春夏秋冬的成長，會經歷風吹雨打的考驗，會經歷內心的掙扎與矛盾。最終能夠讓夢想開出花朵的人，其實他們在一開始也不知道自己會有後來的成就。他們無非是靠每一天的堅持與耕耘，以及內心堅如磐石的信念與豐富的創造力，去呵護自己的夢想。

如果你有夢想，請你一定要好好去經營，因為為夢想奮鬥的人，本身就是了不起的人。我們還年輕，有的是時間與精力去追逐自己的夢想，只要我們敢拚，夢想便不會辜負你我。

失敗不可怕，就怕你被挫折打敗

跌倒沒關係，你還可以爬起來繼續向前衝；哭泣沒關係，你還可以擦乾眼淚驕傲微笑。就怕你跌倒後待在原地傷心，難過時只知道抱怨，畢竟一帆風順的人牛少之又少，我們大多數人都得經歷各式各樣的磨難，方能獲得成功。就像某位劇團老師說過的一句話：「苦練七十二變，方能笑對九九八十一難。」無論面對何種困難與失敗，千萬不要因此投降，也不要害怕再次失敗，再試一試，有可能下一秒你遇見的就是奇蹟。

「我考研究所失敗了，家人朋友都安慰我說沒關係，但我覺得自己很沒用，付出了那麼多的努力還是沒有得到收穫。」這是一個名叫麥瑞的讀者傳給我的留言，她問我有沒有遭遇過失敗，最後是以怎樣的心態面對失敗的。

看見女孩的留言我告訴她，失敗對我來說簡直就是家常便飯。身為一名自由撰稿人，我時常需要向很多雜誌以及新媒體投稿，但並不是每一次的投稿都能通過。有時候，別人會當天回覆我說沒有通過，有時候等了一週也沒有回覆，我主動去問別人，回答也是沒有通過。也有的時候，明明是對方找我約稿，稿子寫完傳過去後過了幾天，對方說在他們主編那裡沒有通過。對於這樣的情況我也很難受，覺得自己的辛苦付出沒有得到收穫，懷疑自己是不是一個很失敗的人。但我又轉念一想，雖然這一次投稿沒有通過，但並不代表得不到其他編輯的青睞。況且，寫出一篇文章也可以算是一個小小的收穫。

籃球巨星喬丹說：「每個人都嘗過失敗的滋味，所以我能夠接受失敗，但我不能接受從未奮鬥過的自己。」美國作家海明威也說：「人不是為失敗而生的，一個人可以被毀滅，但不能被打敗。」如果你對失敗後的結果不甘心，可以吸取經驗從頭再來，但千萬不要放棄。一次失敗並不丟人，失敗後一蹶不振不敢再去奮鬥，這才丟人。對於成功，要麼咬緊牙關再去搏一搏，要麼就閉嘴別怪世界殘酷。

考研究所失敗的麥瑞並沒有忙著找工作，而是喜歡坐在房間裡發呆。麥瑞說，她整天垂頭喪氣的樣子讓她自己看著都鄙視自己。麥瑞為了考研究所付出了很多努力，她報過補習班，也時常看書到凌晨，不看電視劇，還拒絕了很多社交活動，一心只為成功考上研究所。最終，麥瑞還是以十幾分的差距落榜。這讓她很失望，覺得自己很沒用，尤其是麥瑞的另外一個同學考上了，她卻失敗了，這對她造成了很大的打擊。

麥瑞剛知道考試成績的那幾天，完全無法接受自己的失敗，因為她覺得自己已經做足了準備，相信自己能夠成功。家人和朋友的安慰都無法讓麥瑞走出失敗的打擊，她每天都活在自己的世界裡，也不出門與朋友聚會。她想再考一次，但又缺乏重新開始的信心，於是便找到了我訴說她的煩惱。

我與她語音，聽她慢慢講述自己的經歷，安慰她說：「一次失敗並不代表妳不能夠重新開始，妳現在以為跨不過的關卡都只是因為妳不敢嘗試。等妳跨過了這道關卡回頭再看，那些讓妳痛苦的時光，都將成為滋潤妳茁壯成長的養分，幫助妳長成一棵不怕風雨的大樹。」

幾天後，麥瑞傳訊息告訴我，她已經找到了與自我和解的方法，先找一份工作做出成績，將來可以考在職研究生，也可以考相關資格證書來提升自己。麥瑞意識到自己灰頭土臉的樣子只會讓生活越來越糟糕，決定開始以樂觀積極的態度去面對生活，把失敗的經歷變成經驗幫助自己成長。只有學會思考，失敗才會變成有用的財富。

後來的她開始記錄自己的美好生活，開始與志同道合的朋友一起追逐夢想。我對她說這樣就對了，不開心時千萬不要替自己畫地為牢，一定要設定目標並付諸行動。千萬不要因為一次的失敗就覺得來不及了、沒有機會了，再多試試，既是累積經驗，也能學習新知識。更主要的一點是，成功有可能就是你在嘗試的過程裡獲得的意外驚喜。

在成長的過程中，我們總會面對這樣或那樣的失敗。表白失敗我們會不敢再愛，創業失敗我們會懷疑自己，升職失敗我們會厭惡工作……有的失敗會讓我們難過好一陣子，有的失敗，我們卻會耿耿於懷一輩子。為什麼要用已經失敗的東西來懲罰自己呢？失敗意味著方法不對或者能力不夠，是在提醒你需要重新積蓄能量，等到做好了充分準備再去嘗試。如果在同一件事情上總是失敗，你或許該換個思維方式，想想自己是否真的適合去做這件事。

面對失敗，最好的態度不是避而不談，也不是陷入痛苦無法自拔，而是把失敗的經驗當成幫助自己繼續向上攀登的墊腳石，幫助自己早些看見更加開闊的世界。失敗並不會對你的人生造成決定性作用，相反的，大多數失敗只代表著你遭遇的某一次挫折而已，比如戀愛、學業、工作、夢想等，這些都只是一次性的失敗，並不能決定你的命運。

一輩子很長，失敗只是因為這一刻的不足，並不能預示下一秒的你會變成什麼樣子。如若你心態積極，那麼失敗甚至可能讓你反敗為勝，激勵你更加用力追逐夢想。

你要記住，能夠從挫折與失敗中站起來繼續前進的人，他們並不是刀槍不入，他們只是懂得如果選擇了放棄便真的是一無所有，如果再試一試，也許真的會有奇蹟發生。成長本來就是一個不斷嘗試的過程，可能會嘗到失敗的滋味，也有可能嘗到成功的喜悅，你若是不去嘗試，就永遠不知道下一秒會發生什麼。讓你傷心難過的失敗雖然痛苦，但也必定會給你經驗，讓你的人生變得更加強大。

那些艱難的日子，都在幫助你成長

你肯定一個人熬過很多難熬的時光吧？

我知道，你肯定哭過、鬧騰過、無助過，甚至想過要放棄，但到最後，你還是挺了過來。

你會一個人坐在路燈下抱頭痛哭，也會在車水馬龍的街頭踮腳張望不知所措；你會一個人在地鐵裡看著陌生人發呆，也會坐在末班的公車裡聽著情歌流眼淚。你會哭，會痛，會失落傷心，這些我都懂，因為我和你一樣，獨自打拚著，沒有值得炫耀的背景，只有默默努力的背影。

有時想想，在這座人來人往的城市裡，很多人和我們一樣，都在為生活而奮鬥著，也都在經歷著破繭成蝶的煎熬，一邊獨自承擔著痛楚，又一邊為自己加油鼓勵大步向前走。

前幾天晚上，我和幾個朋友在外面吃宵夜，酒足飯飽後大家也就準備各自回家。深夜的小吃街依然熱鬧非凡，朋友們一邊走一邊大喊大叫著，手舞足蹈的樣子彷彿又回到了十五六歲——那個天不怕地不怕敢大聲說夢想的年紀。由於兩家順路，我和格格一起站在馬路邊等計程車。忽然，原本蹲在地上的格格抱著我哭了起來，她說她好難過，莫名其妙地想哭，讓我什麼都別問也什麼都別說，她一個人哭一會兒就痊癒了。我沒有摸清楚狀況，只是不停地撫摸她的背說：「別怕，還有我在。」人在難過時，比起輕柔安慰的話語，一個緊實又厚重的擁抱更能讓他們有安全感。

原來，最近格格的工作壓力很大，有時候工作明明已經做好了，主管也會叫她回公司加班。而且，家人要求她必須考進正式員工。格格在銀行工作，平時工作很忙，很少有時間休息，週末幾乎都在加班，甚至在家吃飯時也可能會被一個電話叫回去加班。她說今天晚上是她難得的休息，才能有時間陪著大家一起吃宵夜。

她告訴我，她已經好久都沒有這麼無所顧忌地釋放過壓力了，她覺得這一段時期太難熬，每天都是忙忙碌碌的工作，也沒人關心她的付出與勞累。她無數次想辭職重新找工作，但家人又勸慰她說：「好不容易有一份比較體面的工作，先將就著，等妳成了正式員工，就不會那麼辛苦了。」在部門裡，格格除了要微笑且耐心地面對形形色色的客戶，還要在臨近下班時幫一些老員工做些瑣碎的事，比如列印數據、填表、打電話給客戶等。工作上的勞累與這些瑣事疊在一起，真的讓格格感到崩潰，她有很多次都想問憑什麼。但每次和家人吐苦水時，家人都讓她忍著點，說這些都是職場新人的必經之路。

那些該獨自走的路、獨自面對的挫折與困苦，沒人能夠替你承受。你要學會照顧好自己，為自己加油鼓勵。你若是正確對待煎熬與痛苦，這些就是幫你成長的好事，因為它們會激勵你不斷努力、不斷前進，只有強大優秀了，你才有資格笑著對不願意的一切說不。

我時常收到很多讀者朋友的來信，她們也會向我訴說自己正在經歷的煎熬時期。有的讀者在企業實習，薪資低，工作壓力大，工作環境也不好；有的讀者在小醫院實習，不僅工作辛苦，有時候還要倒貼錢；有的讀者一個人在外地找工作，處處碰壁……這些讀者的故事大同小異，無非就是覺得此時此刻所經歷的一切，讓自己快撐不下去了。

其實換個角度想想，誰沒有經歷過一段快要撐不下去、很難熬、很痛苦的時光呢？在這段時光裡，大家都一樣，都需要一點點地熬出頭，都在不斷地告訴自己再堅持一下，相信成功就在前方。

我剛剛大學畢業在媒體工作時，也經歷了一段當時覺得很難熬、現在回想起來是鍛鍊我毅力的時光。那時候的我也是一個職場新人，一個人負責一個欄目，差不多有三個多月的時間，幾乎每天都在上班，很少休息。我一個人做策劃、寫文案、找數據配圖、校對，忙完一天的工作後，還得思考如何做好線下活動。除了這些，回到家後的我還要看書寫文章，因為，我始終記得自己的文字夢想。每當我感到很難熬時，都會想想自己的文學夢。幸運的是，我的夢想並沒有被工作的條條框框所限制，反而越發閃亮。

別人週末在娛樂時我在上班，辦公室的同事換班時，仍舊是我一個人在忙碌著。有時候，辦公室裡年紀大一點的長輩告訴我可以去和主管提要求，找人與我輪班。我笑笑說：「沒關係，我年輕，拚得起，這也是主管想著重鍛鍊我。」其實，我心裡巴不得有人與我換班，但是資歷淺薄的我沒有主動選擇的權利，我只能默默地告訴自己，既然做了這份工作，就一定要把它做好，讓所有人都刮目相看。

在那些我一個人負責欄目所有內容的時間裡，我也很難熬，也想過乾脆辭職走人得了，大不了重新找工作。但是，我又告訴自己，如果自己連這麼一點點困難都撐不過去，以後人生路上出現的困苦挫折我又該拿什麼去面對呢？最終，我所有的付出都是值得的，主管多次在大會上表揚我，也願意帶我去接觸行業前輩，願意著重培養我。如釋重負的我，終於可以笑著謝謝當時那個咬牙堅持的自己。

現在回想起曾經的種種，有時候我也會感到疲憊心累，會擔心自己那麼努力還是拚不贏那些起點比自己高、天資比自己好的人。但我想到，還有那麼多人也在咬牙堅持，甚至有些人比我更加努力，我又有什麼資格抱怨這一點點風吹雨打呢？

你想要抵達遠方，必先歷經滄桑。一蹴而就的事物看起來美好，但它們都經不起時間的檢驗。那些讓你感到難熬的時光，都是在鍾鍊你，想讓你變得越來越好。所以，不要害怕那些艱難的歲月，把它們看成是鞭策自己不斷前進的動力，畢竟，生活中的煎熬，都是為了讓我們變得越來越強大。

活得有個性的女人，都是在做自己

面對外界嘈雜的聲音，有人選擇活出自己的姿態，這些人不畏世俗，並不是因為他們膽大，畢竟，每個人面對生活都在見招拆招，沒有誰能夠預先把抵抗生活風險的招數練好。如果非得說抵抗生活的變故有方法可尋，那便是每一天的努力和成長。

說起不拘一格，身邊的朋友馬麗絕對是一個典型的例子。她性格樂觀開朗，大大咧咧，喜歡穿休閒風格的服裝，清爽的短髮看起來充滿了無限的活力。自從馬麗宣布自己辭掉了大城市的工作準備去考公務員的消息，人家都為她的舉動感到不可思議，唯有馬麗自己輕描淡寫地告訴大家，人生並不是只能做一種選擇，生活還有無數的可能性等著她去發現。

說起來，馬麗絕對是一個樂觀的人。她的性格有一點男孩子氣，但並不介意別人在背後對她指指點點說她像「男人婆」。相反，她從不回應也不在乎外界的這些看法，她把時間都拿來提升自己，努力工作為自己賺取活得灑脫的資本。

我和馬麗是小學同學。學生時代她的性格就有一點「橫衝直撞」，比如下課後很少在座位上看書，更多時候是和男同學在走廊邊打鬧。她不去糾結別人不接受自己的不一樣該怎麼辦，只是跟隨自己的心活得粗獷且豪放。

讀大學後我與馬麗才又有了聯繫。我在網路上看見一個音樂版主轉發了一篇文章，裡面的照片很像馬麗，而且馬麗也在文章下方留言了。進入她的網站後，我更加篤定了她就是我小學同學的想法，因為馬麗從小到大都喜歡吹薩克斯風。

與馬麗聊天後，我才知道她這些年的變化以及精彩故事。馬麗進入大學後，在演奏薩克斯風方面小有成績，她不僅在學校裡拿過獎，而且還參加過商業演出獲得過報酬。

大學裡的馬麗努力學習，努力在特長方面嶄露頭角，就是為了讓瞧不起她的人知道，就算她的性格男孩子氣也照樣能夠活得漂亮精彩。她不是活給世界看，也不會為了討好別人而配合表演，她只做那個獨一無二的自己。

大學畢業後，馬麗去了一家不錯的企業工作。剛工作的她以為只要安守本分努力工作就不會被人說閒話，可是她想錯了。在部門裡，仍然會有一小撮人在背後對馬麗指指點點，甚至某個有資歷的同事直接在辦公室對馬麗說：「妳穿得太運動風了，男生不喜歡。妳應該留長髮，不應該剪短髮。」馬麗聽見這樣的話語沒有生氣，反而微笑著告訴同事，就是因為她的與眾不同，才能搞定那些難纏的客戶和棘手的工作。

二〇一六年下半年時，馬麗就和我說過她想辭職考公務員。我問她是不是真的決定好了，她說是的，她就是要去挑戰。經過很長一段時間的累積，馬麗在二〇一七年辭掉工作準備專心考公務員。她並不是頭腦發熱，她有工作時存下的積蓄來維持考公務員時期的開支，為家庭減輕負擔。而且，她對自己要考的工作目標很明確，也參加了補習班。

對馬麗而言，嘗試不同的生活方式不是為了彰顯自己的了不起，只是為了證明自己活得無所畏懼。當然，當一個人沒有資本與退路時，千萬不要貿然辭職，除非你的業餘收入比你的薪資高很多。當你有資本時才可以選擇任性，沒有笑傲江湖的資本，那就一邊努力工作，一邊發展自己的業餘愛好，透過更多的管道增加自己的收入。

馬麗之所以活得那麼努力，是為了能夠多帶母親去旅行，為自己將來的生活儲備優良的物質條件。馬麗和我一樣在單親家庭長大。她童年時父母離婚，我童年時父親去世，這樣的相似之處讓我能夠理解她的很多想法。因為自己是別人眼中的少數派，那麼就不能只做一個等待命運安排的人，而是要主動爭取機會，讓自己擁有選擇生活方式的權利。皇天不負苦心人，現在的她也終於考上了公務員。

我們活著不是為了取悅他人，也不必為了讓別人喜歡自己而迎合大眾，現在的妳就是獨一無二的。如果妳為了活成別人眼中的樣子而違背了初心，那就變得不像自己了。一個女人過得好不好，跟別人為她貼的標籤無關，而在於她本身的能力。女人的「含金量」不是透過閃耀的鑽石、明亮的戒指來證明，能讓女人屹立不倒的資本，始終是妳的才能與勤奮。

有位學者寫過這樣一段話：「我們活在世上，必須知道自己究竟想要什麼。一個人認清了他在這世界上要做的事情，並且在認真地做著這些事情，他就會獲得一種內在的平靜和充實。」想要在千篇一律的生活裡活得精彩，就要對生活保持好奇心與新鮮感，去堅持自己的夢想，活出自己的個性。

那些活得不安分且無所畏懼的人，大多擁有對世界和生活敏銳的洞察力與堅如磐石的毅力。他們既能文，又能武，他們對生活一直保持著好奇，默默努力充實自己，就是為了成為閃閃發光、無可替代的人，可以不顧外界的聲音，勇敢地去做自己，去過自己理想中的生活。

今天的辛苦，是為明天的華麗綻放

生活總有讓你我不滿意的地方，對待生活的不如意，不要選擇妥協，我們要主動出擊，尋找一個合適的方式與生活和平相處。換言之，生活沒有你想像的那麼難。如果你把自己困在一個模式裡，你會發現萬事都難。如果你跳出固有思維，換一種心態和思考方式，或許一切都會豁然開朗。

李麗是我在母校舉辦分享會時認識的一個學妹。李麗在分享會現場問了我三個問題：自卑怎麼辦？大一感到迷茫怎麼辦？如何利用好大學生活？面對這三個問題，我囿於時間只是很籠統地回答了她。活動結束後李麗單獨找到我，要了我的聯繫方式說有故事和我分享。晚上回到家後我便收到了李麗發來的故事，也是從那時起，我才知道了她心中的小祕密。

李麗在小城鎮長大，原本的她以為可以快快樂樂地過完這一生，但父母的離婚帶給她很大的傷害，性格樂觀開朗的她開始變得內向且自卑。李麗不敢主動去結交新朋友，因為害怕別人說她是一個沒人管的野孩子；害怕學校開班親會，因為別人都有父母去參加，而她只有外公外婆；害怕同學去她家玩，因為她家住的還是小平房，擔心別人會投來異樣的眼光。

升高中考試結束後，由於考試成績不理想，李麗選擇了重考。然而這並沒有為她帶來多大的改變。無論她怎麼努力還是事倍功半，最後只考上了一所普通高中。進入高中後，李麗遇見了她的同學——一個樂觀開朗的男生。得到男生的鼓勵後，她慢慢開始改變自己自卑的性格，開始試著穿裙子，試著剪掉快遮住眼睛的瀏海。李麗告訴我，她不知道高中遇見那個男生算不算心動，她只是懵懵懂懂地認為她對這個男生印象不錯，因為男生能夠帶給她光和熱，讓她相信她會考上一所不錯的大學，將來能夠做出屬於自己的一番成績。誰知道，理想最終還是敗給了現實。升大學考試過後，李麗的成績只能讀較差的學校，但學費高昂，普通家庭出身的她根本就讀不起。懂事的李麗為了減輕家庭負擔，決定讀一所專科學校。

進入大學後，學校的環境和李麗設想的相差甚遠。學校的學習氛圍不濃厚，學生之間搞小團體，教學裝置有所欠缺，這一切都讓李麗懷疑自己當初做的決定是否正確。然而，誰不是一邊迷茫著一邊努力前進呢？所幸她並沒有放棄自己，她報名了社團，進入了學生會，也在班上擔任了幹部。她想利用時間充實自己，想在大學裡打好基礎，為將來找一份好的工作做準備。

我也從來不掩飾自己是專科學校畢業，我始終相信環境不會打垮人，能夠將一個人撂倒的是心態。如果你心態好再加上自己努力，不管在哪裡都會有好事發生。如果你得過且過、聽天由命，那麼又何必抱怨不公平，何必抱怨為什麼別人什麼都有，而自己什麼都沒有。

剛進入大學時我和李麗一樣徬徨，但是，既然客觀條件不如其他人，就更不能輸在追風逐夢的路上。我在大學裡毛遂自薦當班長，透過自己一系列的努力拿到了獎學金，得到了留校實習的機會，大學畢業後也在事業單位工作了一年時間。如果當初的我只知道抱怨而不去努力，我根本不會有機會獲得這一切。

對於李麗後來和我交流的情況，我詳細地和她說了自己的想法與建議，她聽了後表示自己不會再胡思亂想，要把那些坐著發呆的時間用來跑步減肥、去圖書館看書、策劃活動鍛鍊自己等等。後來的時間裡，我偶爾也會收到李麗傳來的訊息，她會告訴我自己做了什麼、得到了什麼收穫，也會告訴我自己正在備戰資格證書考試。當然，她說她也不再是國中時代那個害怕被人嘲笑而自卑的女孩了。她在大學裡交了一個男朋友，男生和她一樣，都是有夢想有追求的人，兩人經常一起在圖書館看書。兩人都相信，現在的勞累與辛苦是為了大學畢業後的破繭成蝶。

很多人喜歡抱怨自己所處的環境不好，但是抱怨沒有任何用處，只會加重你身上的戾氣。比如說，你不滿意自己就讀的大學，可是，你有想過自己為什麼來到了這裡嗎？如果當初的你努力一些，也許就能夠去想去的大學讀書了。既然現在不滿意，為什麼不把時間用在自我提升上面呢？你可以去自己喜歡的大學聽課，可以努力去考研究生，不要總是抱怨環境，環境不是你為自己的不努力所找的藉口。

生活總有不如意的時候，請你多給自己信心，學會把那些艱難困苦都當成幫助自己奔跑的助推器。只要你變得更優秀了，就會遇見更加廣闊的世界和更加有趣的人，那些曾經傷害過你的人已經被你甩得遠遠的了。當你回頭再看時，你就會感謝那個永不言棄、努力追夢的自己。

你想盛放得驕傲美麗，就必然會經歷殘酷的考驗。面對生活的磨練，請你學會微笑面對，咬咬牙，相信自己有力量戰勝那些所謂的過不去的關卡。只要最後能夠驚豔綻放，又何懼破繭成蝶前的考驗呢？

二十歲出頭時，怕什麼前路漫漫

那些讓你笑得燦爛、寵辱不驚的底氣、隨遇而安的資本，都是透過你現在的奮鬥與累積獲得的。你積極努力，歲月便會帶給你機會與好運。二十歲出頭的你，應該把時間花費在充實自己上，而不是睡到中午才起床，觀看沒意義的電視劇，然後抱怨生活為什麼還不給你你想要的東西。

米西是我的一個讀者，目前在一家美語補習班當老師。她告訴我，工作期間的她很充實，但是她很害怕下班後一個人在家裡的狀態，害怕看社群軟體的動態時，身邊的朋友同學都過得無憂無慮的樣子。米西有的同學嫁進了有錢人家，每天在社群上晒名牌化妝品與旅行的照片；有的朋友進了公家機關，工作輕鬆待遇又好；與她一起長大的玩伴，如今也開了自己的工作室。唯獨她自己，做著平凡的工作，過著平凡的生活。但米西不想平凡，她想活得精彩，想去散發屬於自己的青春光芒。

讀大學時，米西是一個很優秀的女孩，她拿到過學校的獎學金，也考了英語證照，課餘還閱讀了很多心理學與地理學相關的書籍。在大學裡，她積極參加各種活動，也因此結識了一幫喜歡英語的朋友。他們做了自己的英語電臺，嘗試翻譯外文小說，朗讀英美語文，翻譯《西遊記》……總之，那時候的米西對未來充滿希望，篤定地認為將來的自己肯定會在英語方面有所成就。

只是，大學畢業後的米西並沒有一直以熱情飽滿的心態去對待生活。在工作上，米西出色地完成每一次任務，同時也會向主管提出自己的策劃方案並執行。在主管的眼中，米西就是那個可以被著重培養的員工。然而，生活中的米西卻仍會感到焦慮：萬一自己一輩子就只能做一個小小的英語老師怎麼辦呢？

這不是米西想要的人生。她理想中的人生是充滿活力和戰鬥力的，能夠靠自己的努力打拚出一片屬於自己的天地。她計劃要在二十八歲前進入管理階層，或者開一家英語補習班自己當老闆。想法雖然美好，但現實很殘忍。面對現實，米西有時候覺得既迷茫又無能為力，不知道該如何改變。

二十歲出頭的她很焦慮，擔心自己拚命努力過後沒能得到收穫，更擔心自己的成功與別人相比只是小巫見大巫。我懂得她的著急，米西的狀態和前一段時間的我一樣，總是懷疑成長的意義，總是羨慕別人取得的成績，總是覺得自己再怎麼努力也只能得到很小的進步。朋友告訴我，每個人在二十歲出頭的年紀都會歷經一段非常羨慕別人而討厭自己的時光。在這段時光裡，我們總覺得別人做什麼都光鮮亮麗，自己做什麼都一事無成。我們渴望一步登天的成功，卻忘記了成長要一步一個腳印才能走得更踏實。

對於米西的焦慮，我告訴她，現在的她就很優秀，至少她有自己一直堅持的英語技能，同時，她對工作的熱情也能成為她追逐夢想的助推器。既然她英語功底扎實，同時也愛好閱讀心理學方面的書，我建議她可以多關注幼兒心理教育學這一塊，還可以在網上做知識課程，針對年輕「辣媽」群體，教她們如何用日常英語與自己的孩子進行溝通，以便更好地培養孩子的語言能力。

對於職業發展規畫，我告訴米西她太著急了。此時此刻的她正是打基礎的時候，為何總急著想在付出後立刻看到回報呢？她應該把升職加薪乃至自己創業作為激勵自己不斷奮鬥的理想，有大目標激勵自己，才有信心朝著中短期的小目標進行攻堅。她可以以一個月、三個月、半年為期，對自己各方面的能力進行提升，而不是說在某一個時間節點內就必須得升職加薪。當你足夠努力、全力以赴追逐夢想時，升職加薪自然會成為你的獎勵。

我們很多人對於目標的設定要麼模糊不清，要麼好高騖遠，總喜歡把年收入幾百萬、二十五歲買車買房定為自己的目標。太大或是太模糊的目標會讓我們慌張焦慮。對於目標的設定，一定要短期可行而且清晰明瞭，還要符合自己的能力。比如我自己，我的今日目標是隨心寫文章，一週目標是讀兩本以上的書籍，而不會給自己設定一天必須寫完幾千字的文章以及讀一本書這種讓人有壓力的目標。我知道生活中總存在著不可預估的因素，所以我不去規定自己必須在多少時間內完成多少事情，而是在每一天都為自己的大目標努力。只要我每一天都在行動，那麼便會自然而然地離計劃中的大目標越來越近，甚至可以提前實現大目標。

說實在的，我們每個人都會有羨慕的情緒，適當的羨慕能夠督促自己進步，而過度的羨慕只會讓自己停滯不前，還會陷入一種「我不夠好」的負面情緒裡。不要拿別人的生活與自己的做對比，因為每個人都獨一無二。你有的，或許也正好是別人羨慕的。你要做的，是告訴自己只要努力，我也會得到收穫。

我知道很多二十歲出頭的人都會感到著急、焦慮，擔心房價上漲，擔心工作平平，擔心愛情遲遲不來。其實我和你們一樣，也在擔心，只是我不斷地告訴自己，擔心真的沒用。與其擔心，不如用行動去解決煩惱與憂慮。如果換個角度想想，我才二十幾歲，我還有時間去為了夢想與生活努力。別忘記了，那些三四十歲的人能夠實現財務自由，但他們在二十歲時也和我們一樣，默默無聞地奮鬥努力著。

這世間大多數的煩惱都是庸人自擾，是因為我們沒有資本與能力去擺平生活中的難題。記住，二十歲出頭時你應該積蓄能量，為自己將來豐盛美好的生活打好基礎。不要太過羨慕其他人的生活，把羨慕別人的時間用來提升自己，你也能擁有自己理想中的美好未來。

Part 5

只要努力，成長總會給你驚喜

不要為了別人期待的樣子而活

大多數人都認為，女人的青春有「保固期」，臨近三十歲就得開始「清倉大拋售」，不管怎麼努力都沒用，年齡已經對妳做出了宣判：妳再打扮也比不過年輕的女孩，妳沒有精力再折騰了，還是趕緊結婚生孩子吧！

於是，年齡捆綁了女人的無數可能性。

那些原本可以在一成不變的生活中活得沸騰一點的女人，總有旁人對她說：「妳都當媽了，還塗什麼口紅？」諸如此類的聲音讓那些原本可以活出自己的女孩都活成了別人期待的樣子：二十幾歲結婚生子，三十幾歲依舊徬徨，生活依舊是一團亂。等她們恍然大悟時，歲月早已經不等她們了。一直在等待她們的，依舊是那些「妳看妳」的聲音。

在我看來，一個女人不管活成哪種姿態，都有人對妳評頭論足、指指點點。妳剪短髮，穿休閒服和運動鞋，不愛塗脂抹粉，別人會說妳「一點都沒有女孩子該有的溫柔樣子」；妳穿裙子，留長髮，化精緻的妝容，輕言細語說話，別人又會說妳「那麼做作，一看就不是好女孩」。妳感到無奈，因為不管活成什麼樣子，都會有人看不慣。那到底應該怎麼辦呢？當然是回一句：「姐姐貌美，管好你自己的事，不用你來費心。」

身為女人妳要記住，妳不必活得像誰，妳要活出自己，既可以用慈悲與柔軟行走世間，又可以用鋼盔鐵甲去面對世界。而做自己的資本和安全感一樣，都是靠自己建立起來的，不靠等也不靠外界的給予。

妳的周圍肯定有這樣一類女人，她們從不在乎外界看待自己的眼光，只專注於自己的愛好與事業，只活出自己喜歡的樣子。她們活得既獨樹一幟，又美好快樂。

小凌是我的一個朋友，二十六歲，單身，喜歡設計手帳與繪畫，目前是一名設計師。她是一個不怕被親戚催婚的女人，覺得愛情得順其自然，屬於妳的愛情別人搶也搶不走。有時候朋友們會幫小凌介紹對象，可介紹的男生要麼與小凌性格不合，要麼小凌自己不喜歡。這讓幫她做媒的朋友很鬱悶，埋怨小凌的要求太高。小凌笑著解釋說，可能是看見身邊離婚的人太多了，所以她對於婚姻太過慎重。她不會為了擺脫寂寞、解決單身、滿足家人的期望去結婚，因為她害怕將來的老公不愛她，婚姻生活會過得不幸福。她寧願現在孤獨一些，也要專注於提升自己、努力工作，就算將來很難遇見那個對的人，她也有活得驕傲的資本。婚姻於小凌而言不是證明題也不是必選題，更不是人生到了某個年齡就必須得去做的一件事。婚姻只不過是一種形式，哪怕四十歲了才遇見想結婚的人，她也不覺得晚。

生活中的小凌是一個溫柔可愛的小女人，她喜歡瑜伽與茶藝，身材保持得很好，廚藝也很棒，很多男生都想娶她做老婆。但又覺得她工作太拚命，太熱愛設計與繪畫了，怕自己有點管不住她。

工作中的小凌開朗又樂觀，能吃虧，不會斤斤計較。客戶覺得她好說話，都很喜歡她，所以她的客戶非常多。有時候，我會對小凌開玩笑，問她賺那麼多錢能用得完嗎？她說目前自己賺的這些錢只夠買一間房子，還不夠買房子給父母。她不想用父母養老的錢，只想憑自己的本事賺錢。

旁人羨慕小凌的工作能力強，賺錢又多，可是誰又知道，她在這背後忍受著什麼呢？她要在工作之餘學習網路課程，要去考各式各樣的資格證書，要保養好經常對著電腦的皮膚，還要搞定難纏的客戶。同時，為了拓寬自己的視野，她也會花錢與專家面對面地交流。在賺錢這件事上，小凌默默努力著，既是為了讓家庭越來越好，又是為了將來能遇見旗鼓相當的另一半，更是為了有能力面對刀刀催人老的歲月。

那些馳騁在職場的女人，她們活得不矯揉造作，用自己賺的錢過自己喜歡的生活。當女人活得越來越獨立時，我們不應該用外表、年齡等來衡量一個女人的發展，也不應該因為一個女人性格上大大咧咧、工作上勇猛無畏，就說她是「男人婆，沒人要」。有位作家說：「當你活在別人眼中的時候，你就永遠沒有你自己。」不要太介意外界給妳的評價，妳靠自己的能力與本事活出自己喜歡的樣子，取悅自己便好。人生是沽給自己看的，而不是一場表演給別人看的才藝秀。

當有人對妳指指點點時，妳可以想想歌手王菲。她從不在意外界對她的評價，只做自己。普普通通的你我可能很少有人能活出明星的姿態，但是，我們可以借鑑名人們身上的銳氣與霸氣，不去在意周遭的聲音。

身為普通女人的妳，不妨在一成不變的生活中活得沸騰熾烈些，千萬不要在無趣中老去。妳還可以在自己的特長愛好方面另闢蹊徑，做一個「妙人」或者「奇人」。一個女人是否活得成功、漂亮，不在於外界為妳貼的標籤，只關乎妳的心境有沒有成長。如若妳每一天都花時間充實、發展自己，那麼，無論將來的妳到了哪一個年齡層，處於哪一種生活狀態，妳都有雲淡風輕的悠然與笑傲江湖的資本。

女人們，不要再用年齡去限制與捆綁自己的發展了。在朋友小凌的身上，我看見了一個女人努力奮鬥的重要性。當妳有了資本和工作能力之後，妳便有了獨立生活的底氣，也有了活出自我的資本，更有了面對挫折時的安全感。這時候，妳不是會害怕變老、會在意別人眼光的十幾歲的小女孩，也不是二十歲出頭試圖把人生交給婚姻的女孩。努力過後的妳，想活出什麼樣子就活出什麼樣子，因為妳有這個資本，也不會在意旁人的眼光了。

生活既看內涵，也看外貌

和朋友喝下午茶時，當媽媽了的阿琪問另外一個媽媽小奕：「同是當媽帶孩子的人，為什麼我們的外貌差別那麼大？」

阿琪一邊說一邊照著鏡子梳理頭髮：「如果回到十幾歲的學生年代，我肯定是校花。只不過我現在已經快三十歲了，沒有年輕的本錢囉！」我笑勸阿琪用不著那麼悲觀，誰說女人結婚生子後就不能打扮漂亮了。阿琪嘟著嘴說：「上大學時和小奕發自拍照，別人都說我好看。現在發自拍照，別人都一個勁地問小奕的聯繫方式。同是當媽帶孩子的人，為什麼兩個人的區別就那麼大呢？」

看看阿琪，普普通通的穿著，幾乎不保養的臉，每天的關注點只是孩子睡了幾個小時、他爸爸為什麼還沒下班、婆婆有沒有做什麼好吃的、今天能不能早點下班回家陪孩子。總之，曾經最愛打扮的阿琪在結婚生子後，已經不愛打扮自己了。就算阿琪想著把自己打扮漂亮再出門，她老公也會說：「打扮那麼漂亮給誰看？」於是這件事也就不了了之了。

所以，阿琪羨慕小奕會打扮，羨慕她看起來像沒有結婚的少女，更羨慕她每天都明豔動人，不僅發在網路上的照片精緻好看，真人更好看。阿琪不甘心，向小奕詢問獨門祕籍，小奕「撲哧」一笑說：「哪有什麼祕籍啊，不就是不讓生活捆綁自己，學會主動掌控生活嘛！」

對於一個女人而言，妳把自己打扮得更漂亮並不是為了讓別人覺得妳如何，而是讓自己覺得好看，滿足自己即可。很多女人認為，進入職場工作後就得穿得中規中矩，結婚生子後得打扮得樸素些，要不然會被別人說閒話。說句心理話，無論妳已婚還是單身，妳打扮漂亮、妝容精緻、穿戴整齊，都是給自己看的，是取悅自己，跟旁人所說的「結婚了還打扮得那麼漂亮，一看就不是正經女人」、「不就逛個街嗎？用得著把自己打扮得跟明星似的嗎」這些話無關。妳懂得愛自己，既是為自己贏得好評，也是為老公、為家庭贏得尊重。

人與人之間的好感程度不僅僅只看他的內涵，外貌也是評分標準之一。畢竟只有你的外貌大方得體，才有人願意去研究你有趣的靈魂。

小奕告訴我，在大學裡，阿琪的確是最會打扮也最愛打扮的女孩子，那時候有很多男生寫情書追求阿琪。更誇張的是有一次，一個數學系的男生呆頭呆腦地站在女生宿舍樓下擺心形蠟燭向阿琪示愛，沒想到，當天阿琪去參加朋友的生日聚會了，男生不僅示愛失敗，還被宿設管理員惡狠狠地訓了一頓，蠟燭還被沒收了。為此，阿琪每次回宿舍時，看見管理員辦公室的窗臺上放著的蠟燭，總會炫耀自己的魅力有多大。

相比之下，大學裡的小奕就顯得中規中矩很多。那時候的小奕不愛穿裙子，因為覺得自己腿粗；不愛化妝，因為不懂化妝品，最多就只塗個口紅。總之，小奕就是一個對時尚一點都不了解的人。誰知道大學畢業工作後，小奕大變樣，與大學裡的她簡直就是天壤之別。

我和小奕是透過阿琪介紹認識的。第一次與小奕見面時，她的穿著打扮讓我覺得很有氣質，沒有大紅大綠的張揚，也沒有誇張的妝容，整體服裝顏色協調統一，梳一個丸子頭，戴一副珍珠耳環，給人的第一印象就是大方美麗有涵養。

要說小奕為什麼會忽然醒悟去打扮自己呢？原因在於有一次她和老公去參加聚會，

席間，其他生孩子當媽的年輕「辣媽」們個個穿得比小奕漂亮，身材也比小奕好，妝容也精緻，小奕低頭看看自己，真的像一個大媽。但她並沒有埋怨任何人，反而因為這次聚會改變了自己對外貌的態度。雖然她有深厚的文化內涵，但是那天的聚會卻沒人願意多看她一眼，也沒人願意主動與她交流。

自那以後，小奕開始全心地改造自己，為了讓身材好看一些，她每天在社區跑步，下班回家堅持爬樓梯而不坐電梯，她也關注了很多時尚版主，會翻閱各種時裝雜誌研究穿衣搭配，更捨得花錢請禮儀課程的老師指點自己。她知道自己雖然不可能有大明星的風範，但是把自己變漂亮，既能夠在職場裡贏得更多掌聲，也能讓她老公贏得尊重。

對於小奕而言，她只用了三個方法便打敗了自己的拖延症和做事三分鐘熱度的毛病。

首先，她在下定決心做一件事情前會獎勵自己，以此給予自己暗示，告訴自己我完成這件事情後還會有更多的獎勵，所以我要趕緊去做。順順利利做完後再獎勵自己，這也是一種積極的心理暗示，告訴自己做一件事是有希望的，而且只有付出了努力才會有回報。

在堅持做一件事情的過程中，小奕會把一些好看的自拍照或者上禮儀課的照片發在網路上，朋友同事們紛紛按讚，誇獎她的改變很大。朋友的讚美讓小奕在潛意識裡肯定了自己，她的付出既得到了瘦身成功、衣著品味提升等看得見的回報，同時也得到了看不見的回報，那便是自信心與行動力的增強。

其次，運用分解目標法去完成大目標。小奕的大目標是變漂亮，那麼她每一天都得去看一些護膚、美容、穿衣搭配的文章，然後有針對性地改變自己。此外，每週的禮儀課也需要根據自己的情況複習回顧，有則改之，無則加勉。當她把大目標分解成每一天要完成的小目標後，所謂的拖延症就解決了。

最後，主動展現自己的亮點。小奕尚未蛻變前，樂觀開朗是她最直觀的優點。華麗變身後，這些優點無疑使她如虎添翼。現在的小奕不僅外貌與氣質兼備，還能獨立完成與禮儀、接待相關的工作。

話說回來，朋友阿琪在生孩子後不愛打扮自己，是受到了旁人說的「當媽就得有當媽的樣子」的影響，朋友小奕的華麗蛻變則是因為相信人生還可以活出更多的可能性，也相信美麗這件事與年齡無關。身為嘴毒心善的男閨蜜，我當然要「罵醒」阿琪。想當年，她也是一朵美麗的鮮花，在大學裡還有那麼多男孩子寫情書追她，如今她卻因為旁人的話語而不敢做自己，這完全不像她的風格。

在我的追問之下，阿琪才和我說了最關鍵的問題：她擔心打扮漂亮了婆婆與老公會說自己臭美。而且平時上班忙，週末又要帶孩子，沒時間化妝搭配衣服，就隨隨便便應付自己。然而她這樣應付自己後，得到的卻是抱怨，喪失了對生活的熱愛，感覺做什麼都是差不多就行。

生活中總有聲音告訴我們差不多就行，或者靈魂有趣就行，外表不重要。但是，當妳在社會中披荊斬棘、在職場裡廝殺前進時，得體的外表也許能夠為妳帶來好運。至少別人先看到妳漂亮的外表，就會願意來認識妳。如果妳邋裡邋遢，那麼妳很難在公司或者人群中脫穎而出，很難成為那個出類拔萃的人。

我告訴阿琪：「讓自己成為一個既有涵養又貌美的女人並不難，關鍵在於自己的時間分配與管理。妳的問題在於過早地承認自己老去的事實，過早地向生活繳械投降，過早地順從生活為妳安排的一切。」

當然，免不了有一小撮普通女孩喜歡幻想，幻想著將來有一天自己會變美，然後人生瞬間走上巔峰，過上逍遙快樂的生活。一想到這裡，她們開心地又吃了幾包洋芋片。醒醒吧！傻女孩們，做夢是要付出代價的，妳不願意做出努力和改變，只知道空想，結果什麼都不會擁有。

不要再拿「別人長相好看也只是花瓶」這樣的理由來掩蓋自己的不努力，就算別人是花瓶，也是那種萬人欣賞的名貴花瓶，普通人高攀不起。而妳呢，一邊為自己的不努力找理由，一邊又抱怨為什麼有那麼多不公平的事情。

妳對待外表與生活的態度影響著妳的發展。當妳努力的時候，如果可以既讓自己富有內涵，又能做到外表好看，妳得到的好運可能會比別人多很多。

「九〇後」的我們，到底在焦慮什麼

網路上有一個熱門話題說：「九〇後」裡年齡最大的已有三十歲，已經屬於中年人的範疇。是啊，「九〇後」的你現在最怕與人談未來。為什麼呢？因為焦慮感。

我們大多數人的焦慮感，一是來自這個快節奏的時代，它不停地催促著我們趕快成功；另外則是同齡人之間的差異，優秀的同輩總是讓我們自卑。面對熠熠生輝的夢想與快節奏的生活，我們躊躇、掙扎、徬徨，是妥協還是奮力一搏？我們無從選擇，最後只能硬著頭皮、咬緊牙關生活。

碌碌無為的工作讓你焦慮，家人的催婚讓你焦慮，過早地結婚讓你焦慮，家庭長輩的養老問題讓你焦慮……這些焦慮的背後無非是不能支撐你野心的收入，你一直都在想如何賺錢，如何才能過上有安全感的生活。

於是，我們時刻處於緊張的狀態不敢放鬆，生怕一丁點的懈怠便會落後。我們拚了命地去為理想中的生活打拚，最後卻還是很徬徨，還是會感到不快樂。因為我們從小到大一直緊繃著，從來沒有想過放鬆，更沒想過讓忙碌的自己得到短暫的休息。

小學時為了做個乖寶寶，我們緊繃著自己，努力讓父母、老師對自己滿意。

中學時為了考上好高中，我們緊繃著自己，以「殊死一搏」的態度勉勵自己。

高中時為了考上好大學，我們緊繃著自己，親戚朋友投來殷切的目光盼著我們成為人中龍鳳。

大學畢業後為了有一份體面的工作，我們緊繃著自己，事事小心，處處取悅他人。

我們一直都緊繃著身體與靈魂，時時刻刻都在為成為別人期待的樣子去努力，最後，也許功虧一簣沒能活成別人期待的樣子，也沒能成為人中龍鳳，只成了一個普通人，過著普普通通的生活。

讀者阿希跟我抱怨說，大學畢業都好幾年了，自己還是「月光族」，存不了錢。更讓阿希感到煩躁的是，沒有起色的工作讓她擔心以後會不會被職場淘汰。阿希在一個小城市做文案策劃工作，她會焦慮萬一公司倒閉了自己怎麼辦，如何才能升職加薪，如何才能提升自己的工作能力。只要一想到這些問題，阿希就十分煩惱。

阿希交了一個男朋友，兩人目前已有結婚的打算。身邊的朋友故意對阿希開玩笑說：「妳看我二十四歲都當媽了，妳一個快三十的人居然還沒結婚，早結婚早好啊！」阿希知道這是玩笑話，但她常常又因為這樣的話感到焦慮，因為她害怕自己盡了最大的努力去打拚，最終卻還是沒能過上理想中的生活。

阿希的父母早早失業，母親幫別人帶小孩，父親當保全，一個月的薪資也沒多少。目前的阿希在準備事業單位的考試，因為她一直害怕自己沒有足夠的錢結婚，更不想用父母的養老錢來滿足自己的虛榮心。面對自己普通的家庭情況，阿希認為只有「鐵飯碗」的工作才能擺脫對生活與未來的恐慌。雖然現在的她遇見了值得結婚的男朋友，男朋友的家庭條件尚可，也願意與她一起努力，但阿希還是焦慮，還是糾結如何才能升職加薪，因為她並不想靠嫁人來改變人生。

我問過阿希：「妳一心想要的理想中的生活到底是什麼樣子？」阿希支支吾吾說不清楚。在我的追問之下，她才勉強地說：「就是過舒服的生活，不用為生活煩惱。」我笑著告訴阿希：「妳這是好高騖遠，一點都不切實際，難怪總是感到焦慮。」

理想生活不一定是我必須達到某個標準。我們在今天為理想中的生活努力打拚，每天進步一點點，雖然取得的成就很小，但是一點一滴累積之後，那些收穫與驚喜，慢慢地也就組成了「理想中的生活」的樣子。

當然，你也不能為了掩蓋焦慮感故意裝出一副「我很好」的樣子來滿足自己的虛榮心。我身邊有很多例子，一些人為了滿足自己的虛榮心，用父母辛苦賺來的錢炫耀自己。

「雙十一」當天，網路上裡多人都在晒自己的購物車截圖，其中比較炫目的當屬青田。她的配文是：「口紅、香水才是女人與這個世界對抗的武器。」配圖是蘋果手機、迪奧的口紅和香奈兒嘉柏麗香水。很多朋友按讚，留言裡也有朋友投來豔羨的眼光，羨慕她才畢業幾年就實現了財務自由，羨慕她精緻的妝容，更羨慕她能夠出門旅行的悠閒生活。羨慕的同時，大家也在七嘴八舌地討論，自己「雙十一」買東西的時候是爽了，可是錢用完了，也該開始好好工作了。

朋友們在羨慕青田的時候忽略了一點，她的家庭條件本身不錯，她外在的璀璨全部靠家裡，而不是靠自己努力所得。同樣的，家人為她安排的工作很輕鬆，所以她才有時間出門遊玩。大家只知道羨慕她表面的光鮮亮麗，卻不知道她是用父母的錢來滿足自己的虛榮心，而不是靠自己的本事吃飯。

你用父母的錢來標榜自己的財務自由，以為這就是成功，其實這只是自我膨脹的幻象而已。你讓朋友同學覺得你年紀輕輕就有很多存款，讓他們認為你的生活沒有焦慮只有愜意，你覺得這一切很了不起，實際上卻是讓父母替你的虛榮買單。

我是一個理智的人，從來不會為了滿足自己的虛榮心或是掩蓋自己的焦慮感而提前揮霍自己的未來。在我沒有能力買奢侈品時，我不會把錢花在這方面，而是拿來自我提升和回報家人，比如旅行、買相機、買書、報培訓班、幫父母買衣服等。我相信只有擁有了創造價值的能力，才能讓自己在社會中立足。

對於未來我也感到很焦慮，焦慮工作，焦慮寫作的發展，焦慮如何成家立業，但我知道焦慮根本沒有用，唯一有用的是制定計畫並付諸行動。說真的，「九〇後」的我們其實不用太著急，也不用非得定下必須年收入幾十萬的目標，我們應該根據自身的實際情況，為自己量身定做合適的目標計畫。那些早早達到了財務自由買車買房的故事，你不要去羨慕，因為每個人的自身條件不同，羨慕別人也沒有用。你要做的是學會端正心態並且踏踏實實地努力，因為當你在前進的時候，那些美好與幸福也在朝著你走來。

不要用別人的幸福標準，來為自己評分

「妳再不結婚，這輩子就完蛋了。」這是安央最近經常聽見的一句話。

童年玩伴安央找到我，和我訴說她最近的煩惱。原來，她最近過得很焦慮，一方面出於家人催婚的壓力，另一方面則是因為自己在追求一個男生，但對方遲遲沒有給出明確的答案，讓她十分糾結。

安央說，對於家人的催婚她早已習以為常，只是他們所說的話讓她感到無語。家人告訴她要趕緊去找一個可以結婚的對象，將來再生個兒子，有福氣，就算對方是離過婚的男人也沒關係，女人過了二十七八歲再不結婚就沒人要了。甚至，安央的姑姑告訴她，讓她不要學家裡的堂哥堂姐，都三十歲的人了還不結婚，尤其是堂姐，明明靠嫁人就能改變命運，卻偏想靠自己奮鬥。

難道，女孩子只有依靠嫁人才能走上人生巔峰、一切從此都會變得順風順水嗎？也許並非如此。安央目前在一家企業做祕書工作，私底下也會賣一些小飾品、護膚品，也與一個男人曖昧著，只是對方遲遲沒有表態。目前的狀況對於安央來說還可以接受，只是當家人催婚時她便開始恐慌了，開始變得不知所措，也擔心萬一自己嫁不出去怎麼辦。

愛情與生活一樣，充滿不確定性。雖然我們無法掌握未來的陰晴與悲喜，但我們可以透過此時此刻的努力，去影響未來的變化與發展。

安央和我從小一起長大，青春期的她總想著將來要嫁給白馬王子，最終結果卻並非如此。長大以後，安央愛上過渣男，被渣男傷害過，也傷害過別人。她剛失戀時歇斯底里地哭鬧過，甚至因為失戀瘦了好幾公斤。現在回想起來，安央會開玩笑和我說：「再給我一場失戀讓我瘦下去吧！」

記得安央曾問過我，愛情和婚姻是什麼樣子？我說我也不懂，只知道過好當下，如果非要下個定義，那麼愛情的最後是婚姻，婚姻的最後是柴米油鹽的生活。只要有心愛的人陪伴在左右，哪怕顛沛流離也是家。世間的一切淒風苦雨也不再懼怕，因為那些未知的精彩和挫折，都有愛人陪伴你一起前進。

安央在工作上絲毫沒有輸給男人，她以高跟鞋、口紅、包包為武器在職場戰鬥，還考了專業資格證書，一路風風火火，很有女強人的架式。她能夠用跑步或者爬山的方式來釋放工作的壓力，也能夠用自己的才貌去吸引男人的目光。像她這樣的女孩子，永遠不會被生活打敗。可是，為什麼活得自在快樂的她，會因為家人催婚的壓力恐慌呢？是對比發酵了她心中的恐慌。安央告訴我，她的一個同學從國外留學回來後，自己創業做美妝專案，公司營運良好，還交了一個很優秀的男友。而且她的家人並沒有催她結婚，反而由著她去。

我笑著對安央說：「其實妳們都是努力工作生活的好女孩，只是妳同學的資本比妳多，妳們沒有可比性。至於家人催婚，也許她的家人也是在催婚無果的情況下才選擇妥協的呢？我們完全沒有必要拿別人的生活與自己做對比，因為每個人的家庭背景以及思維方式都不同，即使做了對比，別人的生活模式也不能幫妳解決妳的實際煩惱。」

比如妳看見身邊的女孩子嫁了一戶有錢家庭，妳就暗自下決心也要嫁給有錢人，要買最昂貴的奢侈品。其實，一個男人是否愛妳，並不能以是否能買奢侈品給妳作為衡量標準。別忘了，大多數人都只是普通人，一個有責任心與事業心，並且願意與妳同舟共濟為家庭打拚的男人，遠比用物質滿足虛榮的男人踏實得多。

值得高興的是，安央最終找到了那個可以託付一生的人。另外一個童年玩伴琦琦也是很好的例子。琦琦和她老公結婚結得早，她老公家也是普通家庭，兩人共同為家庭打拚的心如出一轍，生活自然過得有滋有味。琦琦與她老公都喜歡打籃球，琦琦自己還為街舞著迷。琦琦可以穿火辣性感的衣服舞蹈，也可以乖乖地拿著汽水、抱著衣服坐在場邊看她老公打籃球，更可以挽起袖子下廚殺魚。兩人性格都很樂觀開朗，像兩株向日葵，互相溫暖著彼此。

生活不是讓你去與別人做對比、爭輸贏。你想要什麼時候結婚，想過怎樣的生活，想遇見什麼樣的人，完全取決於此時此刻的你是怎樣的一個狀態。如果你熱愛生活，積極參加讀書會、培訓班、興趣小組等活動，那麼你遇見的人一定和你一樣熱愛學習；如果你充滿活力，喜歡戶外運動、玩桌遊和旅行，那麼你遇見的人必然和你一樣，永遠朝氣蓬勃。

愛情不是玻尿酸，能夠讓你永遠保持同一個狀態。愛情和你一樣，都在茁壯成長。不要再拿別人的愛情模式與自己的愛情做對比，也不要因為家人的催婚就感到無比恐慌。你要學會淡定，學會從容，如此，才能有更好的精力去找到那個剛剛好的人，陪你一起完成愛情這門課程。

致，又勇敢又孤獨的自己

我想問你：「如果讓你單身幾年的時間，你會害怕嗎？」

或許你會驚訝不做回答，又或許你不會讓自己單身那麼久，畢竟一個人生活幾年的時間太孤獨了，為什麼不主動去談戀愛呢？

我就是一個單身了好幾年的人，這些年沒有談戀愛不是因為不想將就湊合，而是我發現很難找到我理想中的愛情。於是，偏執讓我一個人生活了那麼多年。剛開始單身時還覺得挺不錯的，可以心無旁騖地追逐夢想，專心發展寫作事業。隨著時間的流逝與年齡的增長，我發現單身太久真的不是一件好事，因為單身讓我忘記了如何去擁抱愛，也讓我習慣於封閉在一個人的世界裡幻想著愛情的樣子，從而很難去觸控真實的愛情。

記得二十歲出頭時，我總是叫囂著要做自由自在的單身貴族。那時候也的確如此，學習上努力，工作上用心，寫作上鑽研，想著就算一個人也不害怕，因為還有夢想陪著我，還有忙碌而充實的生活。然而，當我看著身邊的朋友都陸續擺脫了單身，甚至有些都結婚了，我才開始恐慌。

其實，單身了那麼多年完全是因為自己的「作」造成的。別人幫我介紹對象，自己因為追求完美總是挑剔，相處了幾天後發現原來這個人不是自己想要的那種類型，於是只能不了了之。家人催我趕快找女朋友，我說要先立業再成家。好不容易遇見了自己喜歡的類型，誰知道彼此都只是因為寂寞曖昧了兩三個月，到最後仍舊潦草收場。

每當夜深人靜時我總會問自己，我到底是因為還陷在過去的感情裡走不出來，還是因為自己內心不夠強大不敢去擁抱愛情？又或者，完全是因為過於追求理想化的愛情才導致自己單身了那麼久？面對這些問題我找不到答案，也拿不出解決問題的辦法，我只能一遍又一遍地告訴自己：「一切都會好起來的。」

一個人的生活裡，我總會羨慕別人的成雙成對。我羨慕下大雨時情侶們可以共用一把傘，羨慕別人下班回家後有人在家裡等著吃飯，羨慕朋友週末的早上可以和心愛的人賴床，羨慕冬天裡情侶們牽著手一起逛街。

在外人看來，他們覺得我單身很酷，可以來一場說走就走的旅行，不用瞻前顧後，想去哪裡就去哪裡，甚至還能在旅途中來一場豔遇。他們也羨慕我自由職業的自在，無拘無束，輕鬆快活。他們不知道，我也有我的焦慮與煩惱，只是我不愛表現出來，我把想說的話都透過文字的形式記錄下來，並以此消解。

我談過兩段刻骨銘心的感情。和初戀Z在一起兩年時間，那時年少，記憶太深刻，Z幾乎就是我青春期的所有。和Z在一起的時光太美好，讓我難以釋懷，甚至在有了第二段感情後還是無法忘記，導致最後竟然用了四年的時間來告別。第二段感情我辜負了Y，因為在還沒能完全釋懷Z的時候進入了Y的世界。Y是一個很好的人，可是我卻沒能珍惜她對我的好。記得分手時Y和我說過，只要我願意回頭，我們還是可以重新開始。但是我沒有回頭，因為我實在不想再辜負別人了。

因為有過兩段難以忘懷的感情，後來的我耗費了很長時間去撫平感情裡受到的傷害。這些傷痛讓我的性格變得敏感、悲觀、優柔寡斷，有時候我很討厭自己的性格，有的時候，我感覺找到了與自己和解的方式。從前的我喜歡偽裝自己，現在的我只想做想哭就哭、想笑就笑的人。我不再把愛情與生活過於理想化，不再去苛求自己，也不再標榜單身有多美好。我並不是百毒不侵，我也有自己的脆弱和難過，我只想趕緊向前走，與對的人相遇，一邊努力提升自己，一邊期待著前方的春暖花開。

在單身的這幾年時間裡，我既學會了如何愛自己，也學會了自給自足。我不再懷揣著希望去期待別人給予我很多東西，比如安全感、信心、溫暖等等，我知道與其以坐以待斃的方式等著別人給予，不如主動出擊，去創造自己身上的亮點，去把自己變成一束溫暖的光、一朵美麗的花、一棵茁壯的樹，讓自己發光發亮吸引別人的到來。至少當那個人到來時，我已經成為最好的自己，而不是邋裡邋遢地配不上對方。

十七八歲的年紀總是把愛情想得太美好，二十歲出頭時又對愛情產生了迷茫，擔心會不會找不到那個對的人，自己會不會單身一輩子。面對這些問題我也很糾結，更不敢去想像以後的生活，每天都期盼著所謂對的人趕快出現。後來我才知道，對的人不是靠期盼等來的，而是要靠自己主動出擊。

有個讀者和我分享了她的故事。這個女生說自己的初戀在大一下學期才開始，和男生是在社團認識的。兩人來自同一座城市，而且興趣相投，性格互補，最主要的一點是，男生能夠給這個女生想要的安全感。於是，兩人自然地走到了一起。

在大學四年的時光裡，兩人並沒有像其他情侶那般只知道談情說愛。兩個人都很努力，一起在圖書館看書學習，一起在操場跑步鍛鍊，一起參加各項活動。後來，他們又在學校附近租了一間房子，過上了兩人一狗的生活。週末的時候，兩人會一起買菜做飯叫上同學來家裡一起吃。男生會為女生描眉，雖然被女生形容為「慘不忍睹」，至少這樣的生活足夠有趣，足以打敗平淡生活裡的無聊。

大學畢業後，兩人回到了老家工作，也自然而然地見了雙方父母，最後還定了婚期。女生看過我的書，也知道我的故事。她和我分享自己的愛情故事就是想告訴我，在愛情面前不能光靠等，既要趁著一個人的時光好好提升自己，也要見機行動，你不去試試，萬一錯過了對的人呢？

很多人都以為我還沉湎於回憶，或者說是在抗拒愛情，其實都不是。雖然我曾花了四年的時間才忘記初戀，但值得慶幸的是，我最後還是釋懷了。現在的我只想關心自己何時才能遇見那個合適的人，不用再糾結曾經的自己為什麼要花那麼長的時間來忘記愛情裡的傷痛。

張小嫻說：「為什麼要那麼痛苦地忘記一個人，時間自然會使你忘記。」可是沒人告訴我們多長時間才能忘記，也沒人告訴我們該以怎樣的方式去遇見對的人，更沒人告訴我們要用多久才能遇見對的人。一切全憑自己摸索前進，一旦遇見了大風大浪又會不相信愛情，明明想要擁有卻又不敢去觸碰愛情。這時，又有人會說你不敢去觸碰愛情是因為還沒有遇見對的人。可是，這些人卻沒有告訴你，何為對的人，或者說還能不能再遇見對的人。

我們耗費了很多時間與心力去尋找所謂「對的人」，等到翻山越嶺後才發現，原來「對的人」就在我們的身邊，只是我們從未留意。更何況，所謂「對的人」並不是非要大張旗鼓地去尋找，生命中的每一個成長階段你都會遇見一個剛剛好的人，而這個人就是我們口口聲聲要去找到的「對的人」。

「對的人」並不需要你耗費精力與青春去尋找，你只需要放鬆心態、放慢腳步，你會發現你身邊的每一個人都有可能是「對的人」，把成長中每個階段所遇見的那些合適、剛剛好的人攤開來看，去發現他們的亮點，去了解他們與自己志趣相投的地方，慢慢地，這些人也就成了對的人。

所以，我在單身的這些年裡除了學會取悅自己、釋懷往事，也學會了不偏執地思考問題，不再過分地去糾結一些細節，以一種隨遇而安的態度去面對生活。我不知道那個人還要多久才會來到我的身邊，陪我一起旅行，陪我過柴米油鹽的生活，陪我經歷喜怒哀樂，也不知道她會不會已經在我單身的這些年裡與我錯過了。但這些都不重要了，重要的是我一直都以積極明媚的姿態昂首挺胸地朝前走，沒有辜負自己生命中的每一天。

若是妳遇見了我，別以為我會像刺蝟那樣，渾身是刺不讓人靠近，也別以為我是一個樂觀開朗的人。我的內心也有空缺，也許只要妳一個溫柔的擁抱，我所有苦心經營的堅強都會崩塌，我所有鬱積的熱淚都會釋放，我所有的情話都會為妳譜寫。山盟海誓我都準備好了，只要妳來，我便拿一生一世奉陪到底。

別怕，成長總會給你答案

01

國中同學婭婭打電話來時在另一頭哭得泣不成聲。我聽著她哭，等著她發洩完內心鬱積的情緒。我知道，我們都在假裝過著很好的生活，我們都在強顏歡笑著展示自己的美好，很難有時間與機會徹徹底底地釋放心裡的壓力。

一年多以前，婭婭獨自一人去外地工作。我問她為什麼，她說與其留在冰冷的家裡，不如出去闖闖。婭婭的父母在她小時候就離婚了，所以她早已習慣了獨來獨往。

到了外地工作後她才發現，很多事情根本不像她想的那樣簡單，她的性格開始變得悲觀，總是被一些莫名其妙的情緒侵擾。在工作上，有時候她會擔心自己做得不夠好，不知道還要多久才能升職加薪、多久才能建立自己的有效客戶資源；在愛情上，父母的離婚讓她對婚姻感到迷茫，不知道結婚的意義是什麼，害怕現在的男友經不起未來平淡生活的考驗。

我聽著婭婭的哭訴，安慰她說：「別怕，還有我呢！」我知道婭婭心裡那些壓抑的情緒一直得不到釋放，只能選擇用哭的方式來宣洩，這其實是種很好的方法。哭有時候並不代表懦弱，它只是一種情緒釋放，讓你第二天可以繼續驕傲地面對生活。

在這鋼筋水泥的城市裡，匆匆忙忙的我們得了很多「都市病」，比如恐婚、社交恐懼症、焦慮症、選擇困難症等等。我們知道這些不好，也很想改變這種糟糕的狀態，只是少了一個人來幫我們治癒。於是，你我都習慣了這種「都市病」，也早已發現，原來並不是只有自己一個人害怕面對人群、害怕面對婚姻，很多人都一樣，白大放肆地笑著，晚上卻孤獨地哭著。

這些「都市病」為你我的心靈帶來了煩惱，我們想要擺脫這些煩惱，卻發現越是掙扎越是被束縛。不知道我們還要在這城市裡被磨練多久，才能夠真正地說一句「我很好」，才能夠真正地做到既溫柔又刀槍不入。

02

我知道妳今年二十歲出頭，剛剛大學畢業，又或者已經工作一兩年了。妳離開了父母的懷抱，一個人拖著大大的行李箱來到大城市打拚。下火車的那天晚上，妳看著大城市星星點點的燈光，看著那些陌生的面孔，感到既徬徨又激動。妳趕緊在動態上發了一張自拍，說「我要去活出青春的精彩」，然後在心裡告訴自己，我要努力，我一定要做出成績來，讓父母知道我已經長大了。妳想在這個城市活得光芒閃閃，可現實卻並不容易。

我知道妳那麼努力的原因無非是不想和大多數人一樣，活得粗糙又普通。妳不想讓父母掌控自己的生活，不想在小城市裡碌碌無為一輩子，不想被現實安排自己的命運。妳想活得精彩一些，哪怕孤獨一點也沒關係，只要最後所有的努力都能夠開花結果就好。

我有一個朋友叫安嵐，今年二十五歲。大學畢業那年，她放棄了父母在小城市為她安排的工作，孤身一人去了大城市打拚。我問她為什麼，她說因為大城市沒有親戚們催婚的煩惱，也不會嫌棄一個女孩子太拚了會沒人要。

安嵐在工作上很拚命，她既可以塗著大紅色口紅、穿著高跟鞋一路小跑，又能幹練地和自己的主管討論工作。當別人說她努力的樣子像一個男人婆時，她默默搞定了其他同事都無法搞定的客戶。安嵐之所以那麼努力，是因為安全感的缺失與大城市帶來的焦慮。她怕自己工作做得不夠好被職場淘汰，害怕自己停止了學習就會與這個世界脫軌，工作彷彿是唯一能讓她興奮起來的東西，只有高強度、快節奏的工作才能帶給她屬於自己的歸屬感與榮譽感。

但是，安嵐又很迷茫，父母總是催她回老家工作成家。她不想接受父母安排的婚姻，想去遇見自己的愛情。而同事為她介紹的對象都嫌棄她過於強勢，不夠小鳥依人。面對這些，安嵐無可奈何，只好從工作上找尋滿足感去打敗愛情上的空缺。

我們都擅長逞強，擅長口是心非。我知道，妳一個人肯定有很累的時候吧！妳一直假裝堅強，佯裝美好，真實的妳卻疲憊不堪。面對生活與工作，妳不得不去應付那些棘手的問題，不得不在熬夜加班後，第二天又化上一個有精神的妝容來笑對職場。下班後，妳大多數時間都是回到出租屋裡點一份外賣，然後孤獨地玩著手機。好不容易勸說自己去餐廳吃飯，看著身旁坐著的都是情侶，妳心裡未免有些難過。拖著勞累的身體回到家後，妳對著屋子習慣性地說了聲「我回來了」，結果無人應答。

有一種孤獨是，地鐵上的人很多，能夠與你相識邂逅的人很少；城市明亮的燈火很多，能夠等你回家吃飯的卻難找。生活總是那麼孤獨又那麼不易，但你仍要學會去打敗那些頹喪的情緒。

03

讀者許茉是一個在愛情裡受過傷害後便不敢再去嘗試愛情的女孩。許茉說自己花了很長時間來忘記前任，可惜還是忘不掉。因為忘不掉，許茉沒有再去談戀愛。因為害怕自己會受到傷害，她總是在替自己畫地為牢，總是像刺蝟一樣把自己全副武裝。我和她說過：「妳這樣躲在自己的世界裡是不對的，妳可以試著去結交朋友，哪怕是在網上。」

許茉在語音裡和我訴說她的故事時，我能懂得她內心安全感的缺乏，也懂得她對美好愛情的嚮往。許茉說，前任承諾了她很多美好的明天，說將來兩人要去海邊拍婚紗照、要生一對龍鳳胎、要開一家花店，這些誓言說得好聽，但最終都沒有完成。前任大學畢業後去了另外一個城市工作，沒有和許茉在一起，遠距戀愛讓兩人之間的距離越來越遠，最後彼此預設分手。

剛分手時，許茉確實難過了很長時間，她不懂既然愛情經不起考驗，為何前任當初要給她那麼多承諾呢？既然他要離開她的世界，為何不趁早呢？為何不走得決絕乾脆呢？為何要拖泥帶水？許茉的性格敏感多疑，在剛與前男友分手的那段時間裡，許茉拒絕各種社交，她就是想不通為什麼。

我問許茉：「最後妳是怎麼走出來的呢？」她說是朋友說的一番話讓她恍然大悟，原來自己的邋裡邋遢、深陷悲傷是在耽誤自己與對的人相遇。自此以後，許茉沒有再沉湎於悲傷，而是以積極樂觀的態度去面對生活，主動迎接對的人到來。

曾經的我們都為愛情奮不顧身過，也被愛情狠狠地傷害過，但現在，一切都過去了，不是嗎？不管此時此刻的妳是孤身一人奮鬥著，還是因為一段失敗的感情而困擾著，希望妳都不要難過太久，畢竟分手是在告訴妳，短暫的疼痛好過彼此折磨。請妳相信，這個世界上的很多人都歷經過大大小小的傷害，並不是只有妳一個人飽受委屈。感到迷茫孤單時，想想妳閃閃發光的夢想。如果妳還在想念與前任發生過的點點滴滴，也請妳記住，只有學會放下與釋懷，才能夠遇見美好的明天與強大的自己。

每個女孩都有閃閃發光的機會

生活中總有不被旁人看好的女孩，她們試圖活成自己喜歡的樣子，卻總會被人說三道四：「妳那麼努力，幹嘛不去大城市當上班族呢？」很多人覺得活得太自我的女人非常狠，不夠溫柔。這些聲音讓她們畏首畏尾、瞻前顧後。其實她們哪裡是狠，她們只是展現出了自己努力的一面。如果說女人都是柔嫩的花朵，這些拚命努力的女人就是帶刺的玫瑰，她們擁有保護自己的力量。

朋友寶寶就是一個經得起別人的讚美，也不怕被別人詆毀的女孩。她的青春完全按照自己的意願度過，怎麼舒坦她就怎麼來，完全不在乎旁人的眼光。

她愛美，於是經常變換髮型、髮色，喜歡做美甲，也喜歡誇張的耳飾。然而，很多人認為只有「壞女孩」才會化濃妝、穿誇張的衣服。面對其他人的偏見，寶寶從不會介意，因為她沒時間去搭理那些無聊的人和事，她說自己的時間應該都用在變美以及為夢想打拚上。

現在的寶寶和男友開了一家奢侈品護理店，她依舊活得光彩照人、無所畏懼，也依舊愛愛美。我很佩服寶寶沉得住氣的努力，她不會花時間搭理周遭的流言蜚語，只管默默奮鬥，去學手藝讓自己擁有屹立不倒的資本，這才是對旁人最有力的回擊。

當你還不夠強大、沒有還擊的能力時，請不要拖延、害怕、浪費時間，你只需要不動聲色地努力即可。尤其是女孩子，妳的努力會為妳累積很多的資本，無論是愛情還是生活，妳都可以活得無所畏懼，驕傲前行。

無論你現在處於哪個年齡，都不要被「人生贏家」四個字所迷惑。何時成功並不重要，能讓你得到一輩子的收穫的，是你在為自己想要的生活努力打拚的過程中累積的種種經驗，哪怕是挫折、傷口、孤獨，經年以後，回過頭再來看看，你就會發現這些路途中的風景與經驗，比你想要的結果還要精彩。

朋友小璽是一名全職媽媽，過去的她總會被周遭的人貼上「一個黯淡無光的中年婦女」這樣的標籤，在一些人眼中，小璽是一個活得略顯失敗的女人，因為她大好的青春年華都消耗在家庭裡，不出去努力奮鬥，只在家做飯帶孩子。這些人總是喜歡透過外表胡亂對人下定義，從不關心別人的生活與故事。朋友小璽之所以全職在家帶孩子，背後的故事讓人心疼。

小璽的成長經歷並不美好，當大多數人都擁有著歡快美好的青春時，她卻比別人早熟得多。小璽的家庭情況與大多數人不太一樣，她已經決定要出去找工作，只是因為女兒目前年紀還小，所以她不得不暫時選擇在家帶孩子。做全職婦女並不代表小璽是「好吃懶做」的女人，也不代表她「沒出息」，別人只看見她做全職媽媽，卻看不見她心裡的委屈與淚水，更看不到她心裡微弱但也在萌芽的光芒。

某次和小璽聊天時，她說：「我也會羨慕那些活得閃閃發光的女人。」我告訴她：「妳不必羨慕其他人，等熬過了這一階段，妳一樣可以盛放在風中，成為那個自帶光環的主角。」很多女孩都羨慕那些生來便有好運的女人，更羨慕那些活得漂亮且貌美的女人，覺得她們天生贏在了起跑線上。親愛的，別光顧著羨慕別人，妳在今天好好充實自己，將來也能活得漂亮。羨慕之心人人都有，如果能把羨慕化為催促自己努力進步的動力，也是了不起的一件事。

活得漂亮與成功一樣，沒有標準答案與定義，每個人都有自己獨一無二的活法，妳選擇自己的方式生活，這其實就是成功。也許過去的妳並不優秀漂亮，但現在的妳，也在為了能夠像別人一樣展示出自己發光的一面而一直努力。妳每一天的進步、成長，都是為了活得更像自己。不要太在意別人要求妳應該怎麼活、活成誰，妳精神豐富，內心強大，做著自己喜歡的事情，有愛的人陪伴，這就是漂亮的生活方式。

朋友栩栩是一個閒不住的女人，結婚以後的她並不甘心只是在家相夫教子，她想去活出自己精彩的一面，在工作上做出成績。然而，當初她想去找工作時，家人的不支持與周遭人群的不理解讓她無可奈何，她有時候也會很無奈地告訴我，結婚以後的她感覺像是被生活限制住了，很難找到剛剛大學畢業那一年工作時努力打拚的毅力與決心。

說實話，身為普通女孩的妳想要逆襲，就別怕周圍的聲音嘈雜，更不要怕別人的挖苦嘲笑。在破繭成蝶之前，必然會經歷焦慮與不安，但是，當妳跨過了這道關卡，當初那些折磨妳、讓妳難受的過去，都將成為滋潤妳變得更好的營養。

有好幾次，栩栩想不顧周遭人的看法與聲音，去找一份週末休息的工作，這樣既方便工作，又方便照顧孩子。然而，家人和朋友仍舊覺得栩栩既然選擇了婚姻與家庭，就應該好好在家帶孩子，找工作上班這件事情，應該等孩子大了再說。但是，等到孩子大了，栩栩年齡也大了，工作又哪能那麼好找呢？我能理解她的焦慮與無奈，勸她說：「身為朋友，只要是合理的想法我都支持。別在乎那麼多，誰說女生的努力就一文不值呢？」

經過各種考慮，栩栩最終找了一份房地產公司的文書工作。每次聽見栩栩繪聲繪色地說起工作上的事情時，我都能感受到她心裡的熱血與沸騰，尤其是講到她穿著高跟鞋走在辦公室的走廊上，栩栩感覺自己像是女王。

女人的努力不是為了拿第一，她奔跑的姿態、揮灑的汗水、收穫的笑容都是在為自己積蓄能量，是為了讓自己在愛情裡有更多主動的選擇，在生活中有抵抗條條框框的能力，等到將來從單身到戀愛再到三口之家後，她也同樣能夠為這個家庭付出。至少，當男人面對眼前的困境一籌莫展時，她可以說一聲：「親愛的，我來幫你。」

女孩子的努力與強大是自己任何時候都能抵抗風雨的盔甲。妳有了資本，自然就有了話語權，無論是在生活還是婚姻當中，妳的努力與進步，就是妳活得驕傲的籌碼。妳可以隨心所欲，因為妳有能力來抵擋生活中突如其來的大雨，也有本錢去反駁那些指手畫腳的聲音。

親愛的女孩，妳去追尋自己的夢想、享受自己的青春，都是在以讓自己歡喜、充實的方式生活，是在小小的範圍內綻放出自己迷人的姿態。這樣的妳不但美麗，而且更有魅力。每天花一點時間充實自己，無論處於哪個年齡、哪種狀態，妳都能擁有昂首挺胸的驕傲與甜蜜溫暖的笑容。

Part 6

現在的你有多努力，就有多耀眼的未來

單身久了這種「病」，談戀愛就好了

此時此刻的你，有沒有在心裡好好地問過自己：「我一個人過了多長時間？我單身多久了？」

短時間的單身是自我充實的最好時期，在這段時間內，你可以心無旁騖地去追逐自己的夢想，去為自己理想中的生活打拚，因為沒有人讓你牽掛。然而，當你單身好幾年，想去談一場戀愛又總是無法成功，會感到心裡寂寞空虛，別人走不進來，自己試圖走出去，卻又沒有辦法。當你在一個人的生活裡總是感到孤獨、失落、悲傷時，這說明你單身太久了，身體裡的小孩生病了，你需要談一場戀愛，讓身體裡的小孩迎接陽光。

和幾個朋友在外面聚會時，朋友蓉蓉說猜想過不了多久，她就會擺脫單身貴族的稱號，走進戀愛當中了。蓉蓉說現在有一個男生在追她，而她還沒有答應，正在觀察當中。蓉蓉之所以猶豫不決，是因為還想多花一點時間來判斷，看看這個男生到底值不值得自己付出所有、奮不顧身地去愛一場。

聽見蓉蓉這麼說，另外一個朋友故意調侃說：「那妳談戀愛了，將來我們『單身狗』聚會時，妳可不能來參加了，因為妳是戀愛人士有另一半了。」朋友說完後，又拍拍我的肩膀說：「你看我們也同樣單身了好幾年，到底多久才能遇見花好月圓的愛情啊？」朋友這麼說完，故意用周星馳的腔調說：「不公平啊，為什麼上天不再給我一次機會，讓我重新去遇見一份愛情？我已經修煉好了，為什麼還沒人和我談戀愛？」

當你透過努力變得足夠優秀時，不要手捧鮮花站在原地等待，而是要向前方奔跑，因為你命中注定的人同樣也在跑著朝你趕來。

單身久了的你，不知道會不會在心裡問一句：「我都已經修煉得足夠好了，為什麼還是沒有遇見新的愛情呢？」其實，我也有問過自己：「我都花了幾年的單身時間打造自己了，為什麼還是沒有遇見適合自己的愛情呢？我也一直以美好的姿態向前進，為什麼對的人還沒有出現呢？」說實話，我真的很害怕繼續單身了。長時間的單身讓我的心裡感到恐慌，有時候會突然感到很難過，感覺所有鬱積的悲傷情緒都找不到出口釋放。

我和朋友說完後，朋友說是該去找個對象好好地談一場戀愛了。她說，多愁善感是文藝青年的通病，但很多時候，內心的孤單失落其實是缺乏安全感導致的。身邊少了一個可以說說笑笑、互相陪伴的人，這個人不會總說「我懂」，但當你難過傷心、莫名其妙地想哭時，這個人可以說：「乖，別怕了，有我呢！」

然而，你我都知道，因為寂寞而投入的戀愛總不長久，彼此都抱著排遣寂寞的心態去談戀愛，很難一起走過細水長流的日子。可是，當我們抱著想與對方天長地久的心態去談戀愛時，那個與自己價值觀一致、有共同話題的人，卻並不是隨時隨地都能遇見。

蓉蓉算是比較幸運的女孩，之前的她一直秉持著「先謀生，再謀愛」的觀念，並不急著談戀愛，而是先花時間提升自己。她想考進事業單位工作，平日白天工作忙，她利用晚上業餘時間背書。蓉蓉空閒時喜歡去健身房健身或者去參加戶外運動，她與現在這個追她的男生便是參加戶外活動時認識的。

兩人的相遇倒是稀鬆平常，互相留了電話號碼，加了彼此的好友，看見對方發的動態都會留言。漸漸地，兩人經常私下聊天。也許兩人都是很主動的人吧，不會總等著對方找自己聊天，而是想著主動問問對方在幹什麼。恰好是那麼多「在幹嘛」為兩人摩擦出了愛情的火花。蓉蓉覺得男生懂得關心人，當蓉蓉加班到晚上七八點時，男生會把吃飯的地方安排好然後接蓉蓉去吃飯，週末的時候也會帶蓉蓉去爬山或者看電影。

有一次，蓉蓉故意開玩笑，對這個男生說：「你是不是喜歡我啊，為什麼對我那麼好？」男生藉此機會鄭重地告訴了蓉蓉自己內心的真實想法，男生說他不是那種玩玩而已的人，他覺得蓉蓉就是他想要去保護的女人，他希望蓉蓉能夠給他機會。蓉蓉告訴他，自己害怕太唐突的愛情新鮮感過了會產生衝突，所以要先觀察一段時間。說是觀察，不如說是給自己留出時間作為緩衝，因為蓉蓉沒有安全感，不能確定這個男人是否值得去依賴、去相信，所以想先摸索清楚彼此的脾性。

蓉蓉讓我主動去遇見一份愛情，別再單身了，因為這段時間的我差不多低潮了半個月，心裡莫名地恐慌、難過、壓抑。我甚至懷疑自己是不是有心理問題。蓉蓉說這不是病，這只是一個人生活久了，身邊缺少一個陪自己喜怒哀樂的人。

一個人生活久了，真的會讓人莫名其妙地感到傷心和難過。也許你剛剛二十歲出頭，只是單身幾個月，覺得單身是黃金期，可以好好地努力，這無可厚非。但如果你和我一樣，到了二十好幾的年紀，遇到家人催婚時就會變得手足無措了。到時候你便會知道，年少時那種轟轟烈烈的愛情，其實並不一定還能夠再遇見了。

單身的你，別再讓心裡的小孩受傷了，也別再讓自己繼續孤獨了。去談一場戀愛，主動去尋找總會遇見合適的。畢竟，比起長久的孤獨，另外一個人的出現還是可以改變你的心態，讓你變得更加開朗。

總有一段經歷，會讓你生出鎧甲

01

很多時候，讓你成長的並不是生活本身，而是那些獨自走過的時光。

有些經歷，雖然痛苦，但讓你獲得了經驗，能力得到了提升；有些時光，雖然孤獨，但想破繭成蝶，總要咬牙撐過這樣的時刻。

二〇二〇年九月六日是我二十九歲的生日，生活卻和我開了一個玩笑——我過馬路時被一輛汽車撞倒，腳踝骨折。

現在回想起來，我突然覺得生活彷彿總在和我們開玩笑，有的玩笑幽默輕鬆，但有的玩笑卻是笑裡藏刀。

朋友曉依在得知我被車撞了之後，打來視訊電話哭著和我說：「實在對不起！我身為朋友現在卻不能陪在你身邊，不能給予你力量，我覺得很難受。」

我在視訊這頭笑著告訴她：「真的沒關係，腳踝骨折是個小手術，家人也會陪著我。肇事司機也找到了，現在一切情況都好。」

出了手術室後，看到曉依傳來長長的訊息，這時我才知道，獨自一人在外工作的她，今年過得也不太好。

02

我和曉依是大學校友，讀大學時的她個子不高，相貌平平，還有些胖嘟嘟的。

曉依和我一樣，沒有顯赫的家庭背景，沒有過人的身高，沒有精緻的長相。她總是開玩笑說：「像我這樣的『三無女孩』，猜想這輩子都沒人要了。」

而我也總會笑著告訴她：「沒關係，還有我這樣的『三無男孩』陪妳一起追逐夢想，別忘記我們可是一起努力的好朋友。」

我和曉依都是有故事的人，只是她的故事更加讓人心疼。

曉依來自鄉下，因為小學時的一場意外，斷了一根小拇指。進入國中之後，因為她身材矮胖，長相一般，說話聲音又有些粗，還有小拇指的殘疾，很多同學都一起嘲諷、欺負她。

那些調皮搗蛋的同學幫她取外號，戲弄她，在她座位的抽屜裡放垃圾，站在走廊上起鬨，孤立她，不讓別人和她玩。總而言之，曉依說國中時期是她人生中最不願意去回憶的時光。

進入高中後，曉依以為同學們會成熟些，調皮的人也會少些，但是並沒有。那些嘲笑、挖苦、打擊的聲音依然存在。她自卑過，迷茫過，也曾想過乾脆和鄰居一樣，輟學去沿海城市打工賺錢，幫家裡減輕些負擔。可是喜歡閱讀的她在書本中找到了力量，書中人物的故事和激勵人心的語句給了她方向和溫暖。

她想著，自己是一個不被他人看好的女孩，但一樣要拚盡全力去奮鬥，讓自己成長為一株向日葵，綻放光彩的同時也能溫暖其他需要安慰的人。

於是，進入高中後的曉依暗暗下定決心，既然身邊的同學瞧不起我，那麼我就做出成績給你們看。

曉依喜歡寫作，但平時零用錢很少，買不起課外書。她便常常去書店看書，遇到好的句子就抄在筆記本上。她堅持寫日記，堅持閱讀，因為閱讀和寫作給了她精神上的支持與力量。

終於，這些無人問津、默默打拚的時光給了她回報。她寫的作文被老師當作範文表揚，參加學校的作文比賽也屢次獲獎。她還向各種報刊雜誌投稿，有的作品也得到了發表的機會。

人生中總會有一段艱難的時光，這並不可怕，可怕的是你因此就失去了勇氣與信心，一直留在那個黯淡無光的角落。

升大學考試過後，曉依的分數只能讀較差的大學，但因為家庭條件不好，她選擇讀專科。曉依堅信，只要願意努力，不管在什麼樣的場合，都會有閃閃發光的機會。

03

我和曉依是在大學社團活動時認識的。因為我們都喜歡文學，又有相似的背景和經歷，沒過多久就成了很好的朋友。

大學畢業之後，曉依獨自一人背起行囊，去了大城市工作。現在的她在一家物流公司上班，她的計畫是努力賺錢，三十歲時就回老家開一家超商，和男朋友過平平淡淡的生活。

說實話，我很理解曉依和她男朋友的不容易。兩個人都來自鄉下，家裡的經濟條件一般，一切都只能靠自己奮鬥。

在日常的工作之外，兩個人會在業餘時間去擺地攤，或者在網上賣一些小東西。平時曉依也很節省，很少買新衣服，用的化妝品也都是最普通的。

我問她為什麼這麼拚命，告訴她偶爾也要學會愛自己，犒勞自己。她告訴我，她必須如此努力的原因是她的家庭。

曉依的父母靠打零工維持生計，父親有糖尿病，往年病情都比較穩定，但是今年竟然出現突發狀況，還因此住進了醫院。

曉依一開始並不知道父親住院的消息，家人都瞞著她，怕她擔心，她還是在和弟弟打視訊電話閒聊時才發現了這個情況。曉依聽到這個消息後十分自責，覺得自己沒能好好陪伴在父母的身邊，沒有盡到做兒女的責任。

曉依告訴我，她男朋友提過很多次，要不然乾脆回老家工作，反正結婚以後也穩定了，可以陪在父母身邊，方便照顧他們。但是倔強的曉依並不願意，她想趁年輕在大城市努力奮鬥，多賺些錢，可以給父母更好的生活條件。

她不怕辛苦不怕勞累，就怕子欲養而親不待。

說實話，我能理解曉依的這種倔強，她的性格仍舊和大學時期一模一樣，想出人頭地，想證明自己，想讓父母過上更舒適的生活。

我和曉依說，成年人的世界裡沒有容易二字，每個人都是把歡笑掛在臉上，把辛酸放進心裡。

曉依告訴我，有一次她丟失了一筆訂單，被主管狠狠地指責了，還被故意針對了一個月的時間。但這件事的錯誤並不在她，曉依心裡也很委屈。可是，職場只看結果，不問過程，更不會因為你的委屈就對你網開一面。

有一回，主管在辦公室裡當著其他同事的面數落曉依，說她帶來的損失影響了集體。曉依十分受傷，想和主管解釋，但主管沒有給她機會，反而批評她沒有擔當。

曉依不敢把工作上的委屈和心裡的苦惱說給家人聽，她不想讓家人為她擔心。她只能默默忍受著主管的批評和扣獎金的處罰，一個人躲在被窩裡悄悄地哭。

無論是工作中還是生活裡，我們每個人都會遇見挫折，但恰好是這些挫折和委屈給了我們成長的經驗，讓我們越挫越勇，讓我們以更勇敢的姿態去面對風風雨雨。

當然，我們並不是堅不可摧的人，總會有傷心難過的時候。這種時候不要一個人撐著，可以哭，可以和朋友傾訴，但請記住，哭過之後要繼續驕傲前行，把那些激勵你成長的挫折時光，當作幫你破繭成蝶的力量。

04

二十歲出頭的時候，總認為孤獨可恥。而今，站在二十九歲這個年紀，我突然明白了一個道理：無論孤獨還是挫折，換個角度看，其實都是讓自己沉澱下來，慢慢變好的機會。

成長沒有標準答案，也許今天的你覺得自己跌落到了谷底，也許今天的你徹夜難眠，也許今天的你已經足夠努力但依然沒有看到回報，但這些並不代表你就是一個沒用的人，也不代表你會一直被悲傷、失敗、難過困住。

成長不在於你經歷了多少，而是要看你能不能從這些經歷中吸取經驗，然後以乘風破浪的態度繼續前行。

住院的這十天時間裡，我突然明白了很多道理，也想通了很多問題。我與自己和解了，不再為自己設限，也不再替自己畫地為牢。我接受自己有可能一生碌碌無為，有可能與孤獨常伴，但我仍舊會為理想中的生活努力，仍舊會去活出自己喜歡的樣子。只是，相比以前，我會輕鬆很多，也釋然很多。

以前，我總會害怕，會胡思亂想，認為自己遇到的挫折都是命運的安排，無論怎麼努力也避免不了，因此總是在剛剛遇到問題時就止步不前。但是現在，我不會再被挫折打敗，也不會再杞人憂天，相反，我會把孤獨與挫折當成激勵自己繼續前行的力量，讓自己的羽翼更加豐滿，在未來的某一天展翅翱翔。

生活從不容易，它不可能讓你一帆風順，也不會因為你的委屈給你特殊優待。面對無常的世事，你要做的不是抱怨哭泣，而是學會一邊接受無常，一邊逆風飛翔。

成長不是一蹴而就的，只有經歷過大大小小的挫折與磨練，我們才能學會勇敢，學會把悲傷的酸楚釀成回味的甘甜。

莫泊桑說過這樣一句話：生活不可能像你想像得那麼好，但也不會像你想像得那麼糟。歲月漫長，遇到挫折與困難時不要害怕，面對它，解決它，你才能變得越來越強大。挫折總會過去，陽光總會到來。

所以，親愛的，或許我們要感謝挫折與孤獨，挫折給我們經驗，孤獨讓我們沉澱。那一段一個人走過的荊棘路，會幫助我們生出保護自己的鎧甲，繼續不畏艱險向著未來出發。

我們總在不懂愛的年紀山盟海誓

越是年輕，我們越喜歡承諾，因為我們只給得起別人承諾而給不了未來。那些年少時奮不顧身愛過的人，陪你一起經歷過春夏秋冬的人，在你最艱難的時刻陪在你身邊說「我在」的人，不一定就能陪伴一世。歲月會變化，我們也在變化。只願在所有的變化裡，別忘卻那一場刻骨銘心的經歷就好。

好哥們紹威說，他在學生時代用力愛過的人，又或者說是在少不更事的年紀陪在身邊的人，無論如何都很難忘懷。情人節那天，紹威說他失戀了，我不信，問：「向來喜歡秀恩愛的你怎麼可能失戀？」他沉默了一會兒說是真的，雙方家長見面大吵了一架。

聽他這麼說，我當時就在思考，不被父母祝福的愛情，到底要不要堅持？如果繼續下去有沒有未來？如果換作是我該怎麼做？我想不出來。我不確定愛情的未來，我只知道，愛情有時候是一場冒險，不必去計較未來，只想在擁有的那一刻拚命地愛、奮不顧身地愛、飛蛾撲火地愛。

紹威與歡小姐從學生時代認識，到現在「二」字開頭的年紀，也驚天動地地愛過，也有過歇斯底里的爭吵，也分手過。現在回想起來，正是這段不羈的青春時光最讓人懷念，最讓人難以割捨。

當時，紹威與歡小姐甜蜜幸福地相愛著，所有朋友都認為他們一定會從校服的青澀走到婚紗的陪伴。誰知道，我們都猜錯了，他們還是分手了。紹威在失戀的那段時間裡喜歡買醉，玩得很瘋狂。他說他不是因為失戀才這樣做，而我知道這是口是心非。真正的分手是好聚好散，祝福彼此找到合適的人，不打擾、不糾纏、不拖泥帶水，愛過恨過哭過，到最後，去迎接各自新的幸福。對於愛情，你可以難過一陣子，但不要因為難過和傷心，錯過與正確的人的相遇。

紹威與歡小姐分手後，他總是說不再相信「一輩子都要在一起」這樣不切實際的話了，一輩子是什麼樣他自己都不知道，為何要讓別的女孩去相信呢?他只相信活在當下，珍惜現在。

後來，他們兩人從分手到復合，再到現在有結婚的打算，卻受到了家人的阻擋。在我看來，愛情是兩個人的事，可以沒有規則無所顧忌，然而婚姻是兩個家庭的事，責任與未來大於喜歡。如果一方父母阻撓，甚至說出各種難聽的話不准兩人在一起，即使繼續苦苦糾纏，也是增加痛苦、彼此傷害罷了。

紹威說他根本放不下也不想放棄，他想努力爭取一回。他說自己年少輕狂時，是歡小姐陪在他身邊度過了最快樂與最難捱的日子，他覺得自己虧欠了別人的青春，必須要償還對方。我覺得每一個愛著的人，都容易陷入自己的世界。愛情不應該用償還這個詞，愛情對於彼此而言是公平的博弈，不存在誰虧欠誰的問題。

我身為見證者，見過紹威奮不顧身地去愛，從深愛到分手，從分手到復合，又從復合到現在父母的反對。我不知道此時此刻讀著這篇文章的你是怎樣的看法，如果換作是我，我會選擇成全對方。成全不代表認可父母的做法或是妥協，成全對方是還給彼此退路，讓彼此擁有更好的、更合適的選擇。不被父母祝福的愛情不僅僅會讓雙方的心裡都留下疙瘩，更可能會在將來的生活中出現很多衝突。我不想讓彼此都受委屈，讓兩個人一直活得不被理解、戰戰兢兢。

隨著年歲的增長，不再奢求轟轟烈烈的愛情，那種愛到沒了自我的愛情，青春年少時有過一次就足夠了。長大後，要找的是能一起過日子的人，可能這個人你並沒有一百分的喜歡，對方也並不完美，但你們在一起相愛不累，緣分也足夠，那麼就差歲月的磨合。總有一天，歲月會把你們磨合成能夠一起過日子的人。

愛的偉大，是在得知沒有未來後，能夠祝對方幸福，自己也能過得快樂。有些事情，時過境遷，回頭再看看，不過如此，無非是當時不懂事罷了。

若決定放下，就請慷慨釋懷

最令人難過、無奈的愛情，是你明明知道對方只是你生命裡的一個旅人，你卻拚了命地想要挽留這個隨時都可能離開的人。

我們都知道，有的人只是來為我們的愛情上一堂課，悄悄地來，悄悄地走。如果我們非要去打破這種靜默的美，最後受傷的還是自己。如果你只是把我當成你生命裡的停靠站而不是終點站，那麼，我寧願你不要從我的愛情線路經過，寧願我們此生都不要遇見。

卷卷說，她真的準備放下長達六年的暗戀了，她不再安慰自己只要享受過程就好，更不會去貪圖一個結果，因為，她暗戀的男生與年少時最愛的那個女孩子和好了，兩人目前已經有了結婚的打算。

十二月三十一日那晚，我原計劃和同學一起跨年，但因為一些事情心情不好就提前走了。那晚街上人很多也非常熱鬧，基本上都是成雙成對的情侶或者三五好友，就我落單一人。看著繁華的夜景，想著又是自己形單影隻，未免感覺有些淒涼。

那晚，我一個人走在冷風中，想著自己馬上就三十歲了，心中難免有些傷懷。時間過得真的好快，須臾一晃，美好歲月便毫不留情地消失不見。

後來，卷卷打來電話問我在哪裡，我說準備回家。她說自己一個人在外面，叫我去找她，她想聽我講故事。兩個難過的人，也許只有互相傾訴，才能得到些許慰藉吧！

我們坐在小吃攤一邊吃東西一邊聊天。卷卷準備抽菸，我說：「妳別抽菸了，對身體不好，而且妳都準備放下過去了，就別糟蹋自己了。」她苦笑了一聲告訴我：「從新的一年開始，我要改掉悲觀、熬夜、流淚、軟弱這些壞習慣，甚至包括想念。」我問她：「妳真的打算忘記了？」她看著我說：「你覺得不像嗎？我說的是真心話。」

我們每次都說真心話，說自己一定會放下、會忘掉，可是，我們又總是喜歡大冒險，喜歡打聽前任的消息，看看前任能不能回頭與自己重新開始。我們總是告訴自己，我只想念一下，卻不知道每次瞬間的想念累積起來也會讓心情變得沉重，最終傷心難過的還是自己。

卷卷和暗戀的這個男生是同學，只不過同校不同班。卷卷說他們的相識很簡單，她和男生班級的體育課是同一個老師教，兩個班一起做活動時便認識了。認識了一段時間後，卷卷發現男生很有趣，就悄悄地開始了暗戀。

喜歡一個人的表現有很多，你愛吃對方喜歡的口味，默默關心對方的生活，為對方設定特別的來電鈴聲，心甘情願地為對方付出，通訊軟體設定特別分組，總是想知道對方在幹嘛，更是見不得自己喜歡的人與異性曖昧。青春期的少女心萌芽，無論是哪個女生都渴望像言情小說裡那樣轟轟烈烈地愛一回，卷卷也不例外。只是她的暗戀小心翼翼，如履薄冰。卷卷見證了這個男生從單身到熱戀、再到失戀、再到忘不了前女友的全過程，在那些時光裡都是卷卷陪伴在他身邊。至於卷卷自己，寧願選擇默默地守護等著他發現自己。

讀大學後，卷卷與男生不在一個城市，兩人只是偶爾在網路上聊天。那一年，卷卷也找到了一個很愛的人，可是與男生分手後，她還是會想念最開始暗戀的這個男生。她想起自己會在他打球時故意從籃球場走一圈，就為了多看他一眼；她會等到放學，去他們班門口等他，然後鼓起勇氣邀請他放學一起走，和他討教一些作業中的問題；她會偷偷地請隔壁班同學幫忙，在他的課桌裡放上自己親手摺的千紙鶴。

卷卷很傻，在大學裡談過兩次失敗的戀愛後便一直保持單身，因為她認為自己和這個男生有時很曖昧，以後有可能走到一起。但這些都只是她以為。她忘記了這個男生的性格本來就很樂觀開朗，對誰都很好。卷卷告訴我，自從工作後，就不斷有同事以及家人幫自己介紹對象，但是她很難找到她想要的那種安全感。她二十五歲，同樣著急，同樣害怕遇不到對的人。

但是這一次，當卷卷看見自己暗戀了六年的男孩與他學生時代奮不顧身愛過的女孩又走在一起，並且兩人都有結婚的打算後，卷卷說自己的心一下子就回歸到了原位，沒有撕心裂肺的疼痛，只是突然平靜了。她不知道這是好還是壞，這種說不清的感覺讓她感覺很難受，但同時也有一絲絲慶幸，因為終於可以放過自己。

在愛情面前，我們還是喜歡當閉著眼睛捂住耳朵的傻瓜，無論身邊的人怎麼說，還是會忍不住檢視喜歡的人的動態，還是會忍不住撥通前任的電話卻不說話，只想聽聽久違的聲音。

所以，卷卷開始刻意避開與男生的接觸，她知道自己每看見一次心裡就會難受一次，倒不如不要那麼頻繁地聯繫，對自己來說，這倒也是忘記的一種方式。聽見卷卷這樣說，我說我也一樣，也放下了暗戀好幾年的人，也要開始去追尋屬於自己的幸福，新的一年，要有新的開始。舊事不必重提，難過的也不必再去緬懷，否則最終受傷的還是自己。

你心心念念的人也許過得比你好，而你，還在原地等待以為可以重新開始，卻很少想過去遇見一個新的人。

妳結婚時不要叫我，我不去，我怕我會淚流滿面，更怕妳和新郎敬酒時，我還要佯裝堅強對妳說新婚快樂，我做不到。我每次去 KTV 必點那首妳愛聽的〈我懷念的〉，但是現在，我不會再唱了。我要忘記妳，說忘記就會忘記，說放下就會放下，因為我要去尋找屬於自己的幸福。

努力奔跑，只為早點接近理想的生活

這個世界有時非常殘酷，如果你不努力，就沒有權利去問「為什麼」與「憑什麼」，只能默默接受現實安排給你的劇情。而如果你去打拚、去奮鬥，即便歲月已經為你安排好了人生劇本，你也有資格驕傲地說不。

你的身邊是不是經常有人這樣對你說：「沒考上好大學就認命吧，反正畢業後一樣找不到工作。」「你看你都二十幾歲了，定型了，別拚了，家庭決定成長，別白費力氣，沒用的。」「妳一個女孩子，嫁個有錢人家就能改變命運，為什麼要靠自己去努力呢？」周遭充斥著「我為你好」的聲音，他們告訴你你是拚不過別人的。但我知道，雖然我沒有一個優越的出身，沒有一個好的起點，但我可以靠自己拚未來，為自己創造好的轉捩點。

朋友貞貞告訴我，多虧自己曾經的努力，才存下了幾十萬的積蓄。雖然這點收穫和別人比起來根本算不了什麼，但現在的她和曾經比起來已經進步了很多。

貞貞沒讀過大學，高中畢業後就出去打工了。她二十歲出頭的時候總是急不可耐地想要取得成功，總是羨慕那些三四十歲的成功人士，也羨慕同齡人有好的家庭背景、有爸媽扶持，而自己卻什麼都沒有。

貞貞做過服務員、櫃檯、文書人員這些收入不高的工作，那時候的她和男友一起工作，卻沒存下多少積蓄，反而成了「月光族」。隨著年齡的增長，貞貞才慢慢意識到一個女孩子必須要存錢的道理。於是，她不再怨天尤人，而是踏踏實實工作，強制性儲蓄，業餘時間也去擺地攤賺外快，這才有了現在的回報。

其實，二十歲出頭的男女生都有過一段心浮氣躁的時光，我們無論做什麼事情都喜歡與條件好的人做對比，總是喜歡問為什麼，為什麼別人那麼幸運，為什麼別的女孩子可以用名牌包包。我們總是問為什麼，卻忘記了一個簡單的道理：只有自己腳踏實地地去努力，才可能收穫希望的果實。

這個世界有時候很現實，當你竭盡所能去努力了，你不僅可以得到鮮花，還可以擁有掌聲與證書。如果你不去努力，那麼就不要怨天尤人，指責世界太殘酷。以我自己的故事來說，如果我沒有努力，那麼我不會得到比以前更多的資源，也沒有機會跳進一個視野更為廣闊豐富的圈子。

有時候，難免會聽見有人故意揶揄我說：「你寫書永遠不可能出人頭地。」對於這些聲音，我總是置之不理。以前我的目標是暢銷書作者，現在，我知道了自己的弱點，我把寫作目標改成「長銷書」作者，只要我不停地寫，這些文字總能為感同身受的人帶來溫暖。

我讀小學時，因為家裡貧困，性格內向，幾乎沒有什麼關係好的同學，在班上總被調皮搗蛋的男生欺負。他們會取笑我瘦小的個子以及破舊的鞋子，笑我家裡窮，買不起營養品。

進入國中後，我極度自卑內向，害怕上課被老師點名回答問題，怕答錯被同學們笑話；害怕從那些穿著時髦的同學旁邊走過，怕他們嘲笑我；害怕做體操，怕其他同學故意整我；害怕上音樂課，怕被叫起來唱歌；害怕上體育課，因為我體育成績不好，其他男生會取笑我跑步總是最後一名，而且，自由活動時同學們都嫌棄我，沒有人願意和我玩。

那時候的我因為不善交際，性格很懦弱膽小，自己的照片被班上那些調皮搗蛋的男同學貼在男廁所門口，我也不敢當著他們的面去撕，只能等到第二天早上早點到學校悄悄撕毀。說真的，以前的我特別恨那些欺負我、捉弄我的同學，但那時候由於性格懦弱，我也不敢找別人理論，因為心裡有一個聲音告訴我：別人父母雙全，家庭條件也比我好，而我只有一個下了班還要靠打零工維持生活的媽媽。

所以，國中時代的我選擇忍氣吞聲熬過了三年，進入高中後，才慢慢有所改變。當然了，我也不會埋怨當初的自己活得懦弱，因為高中以前的我確實沒有資本去反駁別人。

在這個世界裡，你我的努力，是為了擁有更多的資本與選擇的權力，為了讓自己去決定未來生活的樣子，而不是被動地等待接受生活給予的安排。也許你我並沒有一個好的出身背景，也拚不了家世，但是，你千萬不要因此而選擇自暴自棄。唯有努力，才是最好的選擇。

也許我們打拚奮鬥後暫時沒有得到收穫，或者收穫很小，請你千萬不要氣餒，更不要一蹶不振。我們努力並不是為了去爭奪名次，而是為了讓自己修煉內在，提升自信心和工作能力，拓展自己的視野，鍛鍊自己的毅力並累積經驗。當我們各方面都得到了提升再次出發時，我們便可以去耕耘希望的種子。

進入高中後，我開始強迫自己去努力，不然生活依舊會過得頹喪，依舊會成為別人嘲弄的對象。我努力學習，閱讀書籍，拓寬視野，嘗試交朋友，也許我不能馬上像別人一樣優秀強大，但至少不用再像以前那樣擔驚受怕，不會成為任人欺負的弱者。努力不僅可以增加自信心，還能累積底氣，讓自己擁有可以保護自己的盔甲。

讀大學後，我開始堅持閱讀與寫作。所幸當時的付出都有了回報，雖然沒有獲得像別人那般豐厚的回報，但這些一點一滴的收穫累積在一起，也增強了我的信心和安全感。當別人對我不屑一顧時，我可以一笑而過，用自己取得的成績證明給那些瞧不起我的人看。

不知道你是否和我一樣，家境平凡普通，沒有金光閃閃的標籤，什麼都得靠自己去努力打拚。或者和我的朋友貞貞一樣，做著平凡的工作，也被人奚落嘲諷過。但是，請你學會把外界的打擊當成讓自己不斷向上攀登的墊腳石，不在乎別人的眼光和話語，只大聲地說「你儘管放馬過來，我才不怕」，咬緊牙關去打拚去奮鬥，當你不斷向上不斷前進，你便不會再聽見那些打擊你的聲音，因為他們仍舊待在原地，而你已經遇見了更加開闊美好的世界。

現在的我從一個自卑的男孩成為一名寫作者。我相信寫作就是我的盔甲，讓我有勇氣與底氣對將就的生活說不。我努力奔跑，不是為了去與別人爭僅有的第一名，爭光芒萬丈的榮譽，而是讓自己在奔跑的過程中增長肌肉，以此來抵擋這個世界帶來的傷害。

人生沒有標準答案，每個人都可以活出自己獨一無二的精彩，決定你未來發展甚至影響你一生路途的不是外界為你貼的標籤，而是你的品格和能力，以及為夢想堅持、為生活努力打拚的心。永不停下腳步，每一天都朝著自己的未來努力，你一定會離自己想要的人生越來越近。

你認識誰，取決於你是誰

現在很多剛剛步入職場的人都在忙著經營人脈。人脈的確需要用心經營，但身為一個不懂職場套路的新人，更多的還是要靠自己的才能與本事。如果你有本事，那麼優秀的人自然會被你的光芒吸引，願意與你交朋友，因為你身上或許有對方將來需要你幫忙的地方。所以，在發展人脈之前，還是應該先去提升自己的工作能力。

正所謂職場如戰場，剛剛上陣單槍匹馬的我們，可以先發掘自己身上獨一無二的地方，打造工作中的核心競爭力。你讓自己變得優秀的同時，實際上已經向那些優秀的人發出了邀請的訊號，告訴對方我身上也有可圈可點之處，我們可以進行資源互換。

蓉蓉是我的一個朋友，前幾天她邀約幾個關係好的同學聚在一起吃飯，席間大家閒聊到如何累積人脈這個話題。他們都是職場人士，自然有話語權，我身為一個熱愛寫作的文藝青年，就在一旁安安靜靜地聽他們聊天累積寫作的素材。

蓉蓉第一個發言，她回憶起剛剛畢業工作時，可謂是一把鼻涕一把淚，尤其是去其他事業單位、公司跑廣告拉業務，真的是求爺爺告奶奶，最後她還是沒完成任務，就因為她是一個剛剛踏進社會資歷尚淺的人。

蓉蓉說印象深刻的是有一次約客戶吃飯，想要達成合作簽下廣告合作，然而客戶總是找各種藉口來推託。雖然沒有擺明說，但蓉蓉心裡明白，客戶不願意與她進行合作。這個客戶她提前兩週就預約好了吃飯時間，對方也答應了，可最終還是泡湯。那天蓉蓉一個人去吃飯，回家路上又下了大雨，便索性淋著雨回家。第二天到公司上班時，辦公室裡的年輕同事不知道從哪裡得到的消息，拿蓉蓉既沒完成任務又淋雨回家的事情開玩笑，讓蓉蓉有些尷尬。

那幾天裡，蓉蓉一直因為這件事鬱悶。蓉蓉的同事李小姐工作了三年，在公司裡混得風生水起，既有為她的工作業績錦上添花的優雅外表，也有優秀的工作能力。蓉蓉鼓起勇氣傳訊息給這位高冷的李小姐，希望她能傳授自己一些銷售經驗。所幸平日裡驕傲的李小姐竟然願意以前輩的身分發語音為蓉蓉指點迷津。李小姐告訴蓉蓉，客戶之所以不買帳，是因為她剛大學畢業，沒有分量更沒有資歷，在客戶心中不夠可靠，也不能為客戶創造價值。但蓉蓉如果做出了些成績，拿下一兩個專案，或者有某某名流舉薦，猜想客戶巴結她都來不及。

聽了李小姐的話後，蓉蓉開始自我檢討，針對「我能為別人帶來什麼價值」這個問題思考了很久。工作沒有捷徑，無非是一步一個腳印地前行，若真的有什麼捷徑可走，那便是放大自身的特長或技能，以此博取旁人的目光，吸引優秀人物的關注。

在學校，我們總想脫穎而出，成為人群中的焦點；工作中，我們想加薪、晉升，看見別人風生水起一路閃閃發光，我們也慌張了，總想達到別人那樣的高度，然而卻忘記仔細看看自己有什麼能力，憑什麼獲得別人的幫助，憑什麼上升到某一個職位，憑什麼認識大神級別的人物。

經過這件事之後，蓉蓉苦練內功，她明白只有自己變成有價值的人，才能為別人帶來價值，才能在工作中達到雙贏的局面，這樣就可以在職場中如魚得水。蓉蓉說，有了那次出醜的經歷，後來的她潛心鑽研製作簡報技巧與文案策劃技巧，在默默無聞的時光裡一個人修煉學習，才有了現在的小小收穫。

工作中需要談業務合作時，即便失敗了也沒有關係，畢竟人脈的打造需要先有量的集腋成裘，才有質的一舉成功。不必責怪優秀的人擺架子，就算人家擺架子，對方也有資格，而你呢？也不要怪世界給你臉色，先要看清自己是什麼水準。

優秀的人手握金銀，那麼肯定想找手握財寶的人資源互換而不是手握石頭的人。優秀的人並不是看不起工作能力弱的人，而是這類人手上沒有足夠多的資源讓他們得以互換。你想與優秀的人進行資源互換，首先得先讓自己的名字傳到對方耳朵裡，拿到那個圈子的入場券。

鍋巴說他身為職場「小鮮肉」，對於人脈這個話題感慨頗深。他剛去上班時，他的姑父以老江湖的口吻告訴他該如何「混」職場，以免在工作中碰壁。鍋巴自己呢？二十歲出頭的年紀，一心想成為頂尖的人物，能夠得到主管們的賞識，讓同事們歆羨。於是鍋巴想方設法累積人脈，逢年過節或是遇上天氣變化，都會一個個傳給老前輩們專屬問候簡訊，也十分熱衷組織聯誼或者其他聚會活動。

過了一段時間後，鍋巴發現自己費盡心思的經營，雖然加入了「大神」們的好友，卻從來沒有人幫他按讚留言，倒是那些酒肉朋友總叫鍋巴沒事多來聚會。鍋巴想了想，覺得這不是他想要的人脈關係。

於是，鍋巴傳簡訊給大學裡對他很照顧的老師尋求指點，老師告訴他不用忙著去攀關係建立人脈，年輕人應該先做好自我投資，自然會有機會遇見貴人。從這以後，鍋巴不再流連於各種圈子的聚會，一心做好自己的本職工作，除了週末與同事打籃球，其餘時間都用來進行自我提升。鍋巴的女朋友說，現在的鍋巴總算走得踏實了，不像當初那麼心浮氣躁。

別人都說人脈無非是利用與被利用的關係，我並不贊同。我認為高品質的人脈是互利共贏，共同進步，有了第一次的了解，便有了以後的合作，雙方甚至有可能成為朋友，而不是需要利用對方的價值時才來談人脈。

真正的人脈不是靠逢場作戲刻意結交優秀的人，而是一邊提升自己，一邊力所能及地幫助別人，讓別人在背後多說讚美你的好話。當你有了足夠的能力與獨一無二的特質，自然會有讓你如虎添翼的人脈資源。

二十歲出頭時，不必因為認識的人太少、人脈太窄而苦惱，你要努力充實自己，積極投入閱讀、學習、運動等有益的活動，專注於某項特長愛好的提升，真誠地對待每一個人，那麼人脈與機會都會不請自來。

剛剛大學畢業踏入社會的年輕男女們，不要心急地忙著去搭建人脈關係網，想著怎麼才能在手機通訊錄裡存下名人們的手機號碼，你應該把時間都花在自我充實上，而不是輾轉於大大小小各種無意義的聚會。有時候，一個人的時間貌似孤獨，但恰恰是這段孤獨時光在為你將來豐盛又強大的生活打基礎，因為只有在一個人的時間，你才能心無旁騖地專注於學習與工作上的提升，專注於如何變成別人想來找你資源互換的人。

一位企業家說過：「人脈的實質無非是彼此交換關係。」我承認這一點，但我想補充自己的看法。你想讓優秀的人與你交換關係，總得有一個前提條件。換言之，就像成績好的學生總愛與同樣成績好的學生交流，為什麼呢？因為彼此的思想在同一個層次，強強交流只會碰撞出更多的火花，發現更多尚未被發現並且有價值的東西。當然了，學霸並不是不願意幫助學渣進步，只是因為學霸之間在一個頻率，他們有更多的話題可說。所以，開啟圈子認識厲害的人容易，難的是拿什麼與對方進行資源互換來實現自我發展，以此達到共贏的局面。

對於我自己而言，以前剛大學畢業工作時，也忙著思考如何累積人脈。後來想想，人微言輕的我憑什麼讓名人們記住我的名字呢？於是，我不再忙著拓展自己的人脈圈子，而是專注於發掘自己身上的閃光之處。我相信，當我身上具備了能讓別人發現我的價值之後，我也能夠成為別人想來認識的優秀人脈。

對於交朋友，別人落魄窮困我不會嫌棄，畢竟我也經歷過最艱難的日了，我能幫忙一定盡量幫。我努力也並不是為了去攀附關係，刻意巴結有頭有臉的人物，我只是不想讓自己成為皮球被別人踢來踢去，想靠自己的能力去決定生活的樣子，而不是被迫無奈地接受生活。

在歲月面前，等不起的是父母

在歲月面前，等不起的不是你我，是父母。

年少時，我們總喜歡大言不慚地說，將來長大了要帶父母周遊世界，要給父母好的生活條件，要理解父母，包容父母。時光荏苒，年華倏忽老去。等到我們長大後，迫於生活的壓力，慢慢地把周遊世界改成了旅遊，把給父母們的陪伴改成了等工作穩定後買東西給父母，甚至，「常回家吃飯」都被改成了「等我有空再說」。

「等一等」這三個字對於年輕人而言，並沒有多大關係，然而對於父母而言，他們等不起了。

那天吃晚飯時，我媽說外婆的血糖又上升了，因為外婆最近又沒控制飲食。我媽唸唸叨叨地說完後，繼父嘆了一口氣說：「外婆都八十歲的人了，也別把她管得太嚴厲，想吃什麼想喝什麼就由著她吧！」繼父說完後，我媽又連忙說：「是是是，都像你這樣不忌口。」我媽這樣說完，繼父又說現在的他已經改掉了很多壞毛病，比如抽菸少了，嚴格地控制飯量。畢竟，繼父身體也不好，還做過手術。

他們兩人這樣你一言我一語打趣地說著，我這才想起，原來二〇一六年年末時，繼父做過白內障手術。繼父真的老了，要不然，為何他的記性慢慢變差，為何他走路晃悠徘徊的，為何他總是覺得自己「不知道哪天就走了」？

因為糖尿病的併發症，當時繼父說眼睛看東西很模糊，想去做手術，但又怕手術出現意外。而且，多年前繼父就因為腦梗塞做過手術，一直覺得自己是一個「隨時都要走的人」。最後，繼父下定了決心，決定賭一把去做手術，至少對現在有用。在家人的支持和鼓勵下，繼父的手術很成功。

在這之後我就開始反思，現在的我，到底可以為父母做些什麼？又或者，當父母老了以後，我們怎樣做才能讓遺憾、內疚和辜負少一點，讓父母健康快樂地安享晚年呢？

記得剛上大學時，父母怕我生活費不夠用，總是悄悄地在我書包裡塞錢。每次看見那些皺巴巴的零錢時，我的心裡都很愧疚。這些錢，是母親打零工賺來的，是繼父走路回家存下的，這些錢裡飽含著親情的力量與父母沉默不語的愛。我知道，他們為了我的身體健康，不想讓我吃苦，更不想讓我在同學面前丟面子。

學生時代，我們總是覺得父母給錢理所當然，總是喜歡自我安慰，說等到將來工作後給父母好的生活條件，等到將來成家立業後讓父母抱著孫子安享晚年。誰知道計畫總是趕不上變化，大學畢業後，我們才明白現實的殘酷，諸多壓力讓年輕的我們喘不過氣來。

這時候，一直默默支持我們的仍舊是父母，他們在經濟上支持我們，在精神上鼓勵我們，讓我們別餓著自己也別虧待自己，工作應酬時該買西裝就花錢去買。至於他們自己，卻總是能省則省。我看見母親有幾件外套和毛衣，從我讀高中時就穿著，一直穿到現在。每次我提出幫她買新衣服，她總是說賺錢不容易，而且人也老了，穿新衣服也不好看，讓我省著錢自己用。

生活中有很多瞬間，我發現父母老了。

母親一邊看電視一邊織毛衣時，說經常低著頭脖子痠痛，讓我幫她捏捏脖子。我看見母親臉上的皺紋加深了，又多了很多根白髮，她嘴裡也唸叨著最近有時候會腰痛。我忽然明白母親不是美少女戰士，她沒有能力永保青春，去抵抗刀刀催人老的歲月。

和繼父一起下樓，還差最後一個臺階才是平路時，繼父差點踩空了步伐。我讓他慢點，他倒是笑瞇瞇地說，人老了，真的是越來越不中用了，走路都看不見了，又推開我的手說沒事，叫我自己出去玩。我一個人走了一會兒，回頭看到繼父一個人趔趔趄趄地走著，看著他微微佝僂的背影，我真的很害怕永遠失去他。

長大後才明白，失去真正的可怕之處不在於失去本身，而在於失去之後長久的悲痛與無助。我便是在不斷的失去中體會到了人生的喜怒哀樂、愛恨情仇。我接受我還沒出生時大伯的離開，接受我很小的時候爺爺的離開，接受我十歲時父親的離開，接受軟弱、自卑、優柔寡斷、不夠強大並且活得沒有安全感的自己。我接受命運給予的安排，但我不認命，我相信自己的努力會讓生活有所轉變。可是，二〇一八年二月外婆去世後，我花了十多年好不容易建立起的安全感又瞬間土崩瓦解。

記得外婆走的那天中午，母親打電話告訴我外婆不行了，讓我趕快來外婆家。進門後，我看見親戚們都在外婆耳邊叫她的名字，但外婆只是閉著雙眼大口呼吸。我抑制不住自己的情緒，眼淚大顆地往下掉，跪在外婆耳邊喊她。她雖然說不了話，但我看見她的眼角溼了，她還能聽見我們說話。可是沒過多久，外婆還是走了。從此之後，我的人生字典裡也沒有了「外婆」二字，關於外婆最好的紀念，都保留在記憶裡了。

現實生活中，我們沒有超能力幫助父母留住青春，更沒有時光機可以穿梭時空。我們只是平凡人，那些承諾的誓言並不一定非得很遙遠，能現在實現就不要等到下一刻。無論愛情、友情還是親情，都經不起等待。

人生總是無常，年少時以為一生漫長，到了一定年紀後，便發現這一生並非漫長，因為我們與很多人可能只有一次見面的機會。罷了，過去的我不難過了，與其活在沉痛的記憶裡，不如活在真真切切的當下，活在能夠把握的今天。

夜深人靜時，我偶爾也會想起自己。雖然經歷了很多挫折、疼痛與磨難，但既然經歷過了，就沒必要為此難過，更沒必要去羨慕別人的歲月靜好。也許，恰好是成長中的磨難鍛鍊了我的心智，也讓我懂得努力、奮鬥、打拚的意義，同時，更激勵我學會把磨難轉化為財富。如果我不大步向前奔跑，那麼只能待在原地坐以待斃。我努力奔跑，既能鍛鍊自己，也更有能力保護好身邊的人。

請你記住，當你能夠擁有的時候，盡量把一天二十四小時過出四十八小時的精彩，好好陪伴和珍惜此時此刻陪你喜怒哀樂的人，因為我們都不知道，此時此刻留在身邊的人，會不會一輩子都陪伴著我們。

不要總說歲月很長這樣的話了，一輩子不長，說「我愛你」要趁現在。對於漸漸老去的父母而言，他們擁有的只是今天，沒有所謂的來日方長。願你我努力的意義，是收穫鮮花與掌聲時，最愛的人還陪伴在自己的身旁。

先過好當下，為詩和遠方累積資本

當你內心浮躁、羨慕別人說走就走的旅行時，請先問問自己：「我有沒有資本說走就走？」如果還在為當下的生活奮鬥，存款不能支撐你說走就走的旅行，那就不要貿然出發。有人可以說走就走，是因為他們旅行回來還有積蓄，或者還有退路。如果你沒有這樣的條件，請先在今天累積屬於自己的資本。

也許你和我一樣，還沒有足夠的資本可以像別人那樣說走就走。在你能力不足時，不要去羨慕別人擁有的光鮮。也許你說走就走的旅行來得比別人晚一些，不過沒關係，因為你旅行的資本是靠自己的努力所得，這反而是一件值得高興的事。就怕你明明知道自己沒有資本，卻仍是打腫臉充胖子，而不去沉住氣努力奮鬥。

朋友濤濤告訴我，今年國慶期間大家都在晒旅行照片，看得他很是羨慕。他也想去旅行，可惜世界那麼大，沒有錢的他哪裡也去不了，國慶假期就只能待在家裡。聽完濤濤的抱怨，我勸他別去羨慕網路上的旅行照片，每個人的生活方式不同。既然現在的你尚且達不到談詩和遠方的條件，那就好好工作，定期存錢，享受當下的生活，為將來的旅行儲備資本。

濤濤聽見我這麼說，傳來破涕為笑的表情。他告訴我自己有時候很羨慕別人可以到處遊玩，羨慕別人有伴侶陪在身邊。他不知道自己理想中的生活什麼時候才會到來，也不知道現在陪伴在身邊的女朋友會不會和自己白頭到老。而且，他也擔心等自己有錢的時候就沒有精力去旅行了。

濤濤的家庭情況比較特殊，他在鄉下長大，母親在他童年時便去世了。曾經的他很調皮，打架受傷留下了傷疤，長大懂事後也來不及補救了。現在的濤濤一個人住，與父親關係不好。他教育程度不高，做過很多工作，也吃過很多苦，卻沒能存到錢。他不喜歡用「等我有錢了」這樣的句式，他喜歡「有錢了現在就去做」。然而，他的家庭條件不好，工作收入也一般，是一個沒有資本任性的人。他需要一步一個腳印地去累積旅行的資本，如果在今天過度消費明天，未來的生活只會對他越加無情。

有一些人喜歡旅行只是為了發照片到網路上，想讓別人覺得自己活得非常瀟灑，實則少了一雙發現美的眼睛。如果你善於捕捉生活中的小細節，你會發現當下的生活裡處處皆美好。不要好高騖遠總是想著去旅行，你現在的日常生活都一團糟，如果不去想辦法也不去努力學習好好工作，即使透過旅行短暫地逃避了現實，回來後生活中柴米油鹽的問題依然需要解決。

濤濤羨慕別人出門旅行時也反思過自己，他說時光無法倒流，過去的不懂事造成的壞結果無法消除。他會督促自己好好工作，因為他知道，現在咬牙打拚，是為了將來帶著女朋友開開心心去旅行做準備。

我和濤濤的情況差不多，也是在單親家庭長大，也飽受過苦痛的折磨。只是我醒悟得早些，從大學開始就默默存錢、努力學習，業餘時間堅持寫作。現在的我雖然沒有資本和底氣去跟別人攀比，但與曾經不夠好的自己相比已經有了長足的進步，也在盡自己最大的努力為理想中的生活打拚。

讀大學時，別人說我拿了獎學金就可以吃香喝辣到處旅行了，我沒有理會，而是把錢存了起來。因為我知道，那些能夠在今天出門旅行的人，都是有一定資本的人。至於我，母親失業了收入不穩定，過去還靠政府補助金生活，如果我把錢在今天用完了，那麼明天的生活就沒有了著落。

大學裡，我還有一個和我有相同想法的同學秀秀，她也用對別人旅行的羨慕來激勵自己在當下努力，為將來與愛的人去想去的地方積蓄資本。那時候我問過秀秀，為什麼她不像其他女生那樣，恨不得在二十歲出頭的年紀遊遍千山萬水呢？秀秀的回答我記得很清楚，她說能夠過好今天與當下，也是一種能力。旅行是一種消遣的方式，無論在成長中的哪個年齡層去享受這種消遣，都不算晚。

秀秀是一個平凡普通的女孩，其他女孩子買化妝品、名牌衣服和吃喝玩樂時，她都在圖書館看書。先在萬卷書裡走一遭，從萬卷書中汲取了精華，再透過幫小學生做家教以及寫文章投稿的方式變現，賺取行萬里路的資本。

在我身邊，總免不了出現這樣的聲音：「寫書不是很賺錢嗎？幹嘛不出國旅行？」「你幹嘛不一邊賺錢一邊消費，非得先累積再消費呢？」「你賺那麼多錢存著會貶值。」總之，周遭的聲音告訴我，今天的說走就走，比為明天累積資本更加重要。

我們總是嚮往遠方，憧憬詩意生活，卻忘記了低頭看看當下的美好。當你在今天努力，把當下過好，你此時此刻的生活也可以詩情畫意，也可以波瀾壯闊，還能夠為將來說走就走的旅行累積資本。

每個人的生活方式與境況不同，不要拿別人的生活與自己做對比，也不要總是用浮誇的語氣叫囂著我要來一次說走就走的旅行。旅行的意義是讓你開闊眼界、豐富閱歷、提升知識，而不是讓你去攀比，勉強旅行回來後繼續苟且著生活。

後來，遺憾成了青春必修課

01

還記得當初陪你唱〈後來〉這首歌的人嗎？他現在是否已經結婚生子了？還記得十六七歲時奮不顧身愛過的人嗎？還記得那些讓你在深夜嚎啕大哭的往事嗎？現在，你是否已經找到了那個對的人？

我知道夜深人靜的時候，你依然會悄悄地去聽〈後來〉，還會在一瞬間恍惚，突然想起那個花了很久才忘記的人。

《後來的我們》釋出預告片時，我就決定要去看這部電影。和朋友來到電影院後發現觀眾以女生和情侶居多。在觀影的過程中，很多人都哭了，大家都強忍著情緒，只聽得見小聲啜泣的聲音和開啟紙巾的聲音。

整部電影沒有情緒爆發點，就是一點點地勾起你的回憶，讓你的淚水在眼眶裡翻騰但又不讓你哭出來，這些情緒鬱積著，等到最後親情的部分才找到出口。在電影裡，我看見的是遺憾與珍惜，還有那些年自己奮不顧身愛過的青春。

愛情到來時，我們瘋狂相愛，哪怕最後的結局是分離也不害怕，因為青春年少的時候，我們都愛過一個沒有未來的人。

能夠好好相愛的時候，我們要好好相愛，當有一天不得不分手時，也要有一個好聚好散的擁抱，就像電影最後見清和小曉那個充滿儀式感的擁抱。這個擁抱裡包含遺憾，也包含十年故事的回味。

故事裡，最讓我感動的地方是見清和小曉在車裡回憶往事時，彼此問的那句「你愛過我嗎」。這個部分讓我想起了前任，想起了曾經問過同樣問題的自己。前任當時的回答是：「我也很想愛你，但是我不知道該拿什麼來愛。」這句話，我一直記到現在。

同樣的，親情部分也讓我的淚腺爆發。

在影片最後，見清的父親寫信給小曉，這一點像極了大部分沉默不語的父親，他們不懂把愛說出口，但他們的心裡始終牽掛著兒女。這個情節讓情緒噴薄而出，我想到了年邁的父母，也懂得了珍惜。

除了與愛和親情有關的內容，電影裡見清和小曉住在逼仄的地下室、努力工作賺錢、在馬路邊上打鬧等場景像極了那些在外奮鬥的情侶們，住在小小的出租套房裡共同為愛努力奮鬥。

02

讀者阿若告訴我，她最愛的男人徐浩離婚了，這樣的消息讓即將結婚的她有點難過，因為她好不容易把以前放下了，現在又突然聽見前任的消息，這讓她感到茫然無措。她已經找到了對她好的那個男人，但前任離婚的消息又讓她擔心前任過得不好。

我問她：「既然前任已經成為前任，他的好壞已經與妳無關，為什麼還要在意他過得怎麼樣呢？」阿若說是因為當初愛得太用力了，導致兩個人最後互相折磨、頭破血流，直到現在都不能完全釋懷。

徐浩與阿若是高中同學。在阿若最美好的青春時光裡，全都有徐浩的陪伴。他幫她洗小白鞋，跑遍整座城市為她買零食，半夜帶她騎車兜風……那時候的愛情真是純真美好，以為許諾了的人就能夠一輩子廝守在一起。說到底，還是太年輕了。

高中畢業後，徐浩沒有去讀大學，而是選擇去大城市闖一闖。離開的前一天晚上，徐浩請了一大幫朋友吃飯，阿若也在。在 KTV 裡，徐浩拿著麥克風說：「老婆，妳等我，等我賺夠錢回來娶妳，等妳大學畢業後我就來妳家提親。」全場男生起鬨，女生們則說阿若找到了好男人。的確，阿若是找到了好男人，只是花好月圓的幸福是他給的，後來的磨難也是他給的。

青春散場，男生去了大城市闖蕩，女生去讀大學。大一的時候，徐浩與阿若還有聯繫。大二的時候，阿若登入徐浩的通訊軟體，看見一個陌生女人發給他的曖昧訊息。阿若裝作什麼都沒發生，也沒去提這件事。

然而，這段感情還是有了裂痕，徐浩的冷漠讓阿若知道這段感情就要畫上句號了。到最後，連分手都是阿若提的，她以為徐浩會挽留，然而並沒有。分手後，朋友告訴阿若徐浩談戀愛了。阿若表面上雲淡風輕，其實她的心裡很難過。也有人幫她介紹男友，但是她心裡有傷，自己走不出來別人也走不進去。

後來，阿若在大學裡沒有談戀愛。

直到有一次，阿若接到徐浩打來的電話，兩人寒暄了一番，徐浩說自己要結婚了，希望阿若能來。她說「好」，他說「嗯」，結束通話後她狠狠地哭了。

徐浩結婚時阿若沒去，只是託朋友送了禮金。因為那個人已經與她無關，因為她也找到了好好愛自己的人。

時隔多年，徐浩離婚了，這樣的發展實在有些戲劇化。雖然阿若想起往事仍然會有一些難過和傷心，但這種情緒也僅僅只是針對當年的回憶，無關其他，畢竟阿若也找到了對的人準備結婚了。

你刻骨銘心愛過的人，你用力去守護的人，你曾想廝守終身的人，這些人最後都與你背道而馳了，而你還在原地等待著，以為你們能夠再遇見。這些，都證明了你不是冷冰冰的、無情無義的人。

我沒問阿若是如何放下徐浩的，因為我知道成年人都不喜歡去追尋回憶的細枝末節。有些事情久了之後，時間自然會沖淡它的印痕，再想起時也覺得很平淡了。

03

電影的最後，見清沒有和小曉在一起。他成家立業，她孑然一身，風雨飄搖，哪怕見清的父親在信裡已經把小曉當成了一家人，可是一切都已經來不及了，也回不去了。正如電影裡小曉所說：「如果沒有如果。」

是的，如果當初分手時見清挽留小曉，如果當初兩人能夠坦誠一些，說出奮鬥的原因不是因為一間房子而是因為愛，或許結局會有改變。可是後來，遺憾成了青春的必修課。時間終究讓我們學會了體面地接受分手，也能接受愛情裡的遺憾。我的確花了好幾年時間來忘記妳，值得慶幸的是，在忘記妳的過程裡我得到了成長，也懂得了如何愛自己。

在我看來，《後來的我們》這部電影要講的不是前任有多好，多麼值得念念不忘，而是分手後如何讓自己過得好，如何找到那個對的人，如何笑著對過去釋然。

當然，這部電影也告訴我們要珍惜眼前人，因為愛情沒有我們想像得那麼完美無瑕。成長裡總會有遺憾，還能珍惜就要好好維護感情，盡量讓遺憾圓滿，讓愛長存。

能讓你聽哭的歌裡多半有你的故事。只有經歷過錯過、傷害、遺憾我們才能成長，才能從中慢慢學會成熟堅強。不管怎樣，希望你再次聽到曾經讓你哭得撕心裂肺的情歌時可以笑著說：「謝謝曾經的一切讓現在的我變得堅強溫柔，有盔甲去抵擋這世間的傷害。」

學會拒絕別人，別再做濫好人了

我們不懂拒絕，或者說害怕拒絕別人，是因為我們總是站在對方的角度來考慮問題，沒有為自己留絲毫的退路。遇到自己不願意做或超出能力範圍的要求，拒絕不代表生氣，也不一定會損害情誼，更不等於事不關己、高高掛起的態度。曾經的我是一個不懂拒絕的濫好人，但是現在，拒絕是我的脾氣。懂得拒絕，也是為自己贏得尊重，讓自己過得快樂。

幾天前，一個朋友傳訊息給我，讓我幫他寫一份工作總結。他說很簡單，有數據可以參考，就是自己比較忙，再加上不擅長寫這類文章，所以來找我幫忙。我委婉地拒絕了他，對方卻還一個勁地說：「一個從事文學工作的人，居然不會寫工作總結，寫總結對於你來說不就是小事一樁嘛！」我再次委婉地表示拒絕，告訴對方我也很想幫忙，但最近很忙，確實沒空。而後，對方又傳訊息說好話讓我幫忙，我直接不搭理了。

如果是以前我肯定會答應，我害怕傷害朋友之間的情誼，害怕朋友因此不搭理我，害怕朋友關係因此決裂。所以，我做任何事情都唯唯諾諾，對朋友百依百順。經歷了一些朋友間的是是非非後我才發現，做一個事事都答應別人而委屈自己的濫好人真的很累。我只知道盡最大努力去取悅別人，卻忽略了一直陪著自己成長的人其實是自己，應該多取悅自己，多考慮自己的感受。

曾經的我無論做任何事情都要先為對方著想，再為情分考慮，最後才想到自己。最常見的例子就是借錢。

朋友當面向我借錢，我爽快地答應了，把錢借出去後，又開始擔心要不回來怎麼辦。每當有朋友向我借錢時，我只想到別人面臨的困難，想著如果不借給別人，對方會不會嫌棄我不夠朋友、說我壞話。然而，我還是因為借錢這事與朋友鬧了矛盾。兩個多月前，一個朋友向我借了五千塊錢，第一次還了二千五，還剩二千五百塊沒還清。我不好意思問，他也沒有主動還。最後，在我多次的委婉提醒之下，這個朋友才把剩下的錢還給我。令我意想不到的是，向我借錢的人竟然網路上發文含沙射影地說我不夠朋友，那麼一點小錢也催著還，不講義氣。

果真是借錢檢驗人品。原本擔心不借錢給朋友會損害友情，最後自己竟然成了對方厭煩的對象，還弄得朋友關係尷尬，真是幫錯人了。在經歷很多事情後，我慢慢學會了拒絕，因為有時候學會拒絕別人，也是自我保護的一種方式，可以化解很多不必要的麻煩。

(1)堅定且委婉地拒絕

在生活中，我們總會遇見需要拒絕別人的時刻。如果有人求助於你，你直接將「不」字以很強硬的語氣說出口，可能會讓對方生氣，不利於關係的持續發展。反之，你將強硬的態度掛在臉上彰顯立場，以溫和委婉的口吻拒絕，效果就會好很多。

你可以用欲抑先揚的語氣拒絕。在工作中，如果同事需要你幫忙做一份檔案或者辦一件事情而你不想去做，你可以先肯定對方，再委婉地提出自己的看法。你可以笑著說：「當然可以，這都是小事一樁。不過現在我也比較忙，要不然第二天我把自己的工作忙完後再幫你如何？」這樣你就把選擇權交到了對方的手中。如果是上午必須解決的事，你提出第二天幫忙解決，其實已經委婉地拒絕了對方，別人也不會自討沒趣再來麻煩你。

你可以用商量的語氣拒絕。週末不上班，如果朋友約你出去玩，同時他又邀請了一個你不喜歡的人，你既不想得罪朋友，也不想去參加。這時，最有效的拒絕方法便是用商量的語氣拒絕。

你可以大大方方地告訴朋友，很感謝他的邀請，但是由於週末臨時有事無法參加，可以下週或者過幾天再聚。這樣既表明了你想去玩的意願，也巧妙地避開了不喜歡的人。

你可以用「喧賓奪主」的方式拒絕。想必大家都遇過朋友或同事向自己借錢的情況吧！關於借錢這方面，如果對方與你的交情不深，你可以直接說自己沒有錢。如果與對方關係還可以，你擔心直接拒絕傷害感情，可以主動出擊，告訴對方說：「親愛的，我也想借錢給你，但我最近手頭比較緊，也沒有錢，我還準備過幾天向你借錢呢！」這樣，用「喧賓奪主」的方式拒絕，也不會傷害朋友之間的情誼。

（2）學會幫別人找退路

在我看來，比較恰當的拒絕方式除了委婉拒絕外，能夠維護雙方情誼、表明自己關心對方難處的方法，便是幫對方找退路。

比如，自己沒有時間或者對方的要求自己並不擅長時，你可以這樣說：「對於你的問題我也很著急，但是我愛莫能助，不能幫你分擔煩惱。不過我認識一個朋友，你可以去問問他，或者向另外一個人諮詢。」你告訴對方解決問題的方法，或者應該去找誰幫忙，真心實意地為別人考慮，幫別人想辦法，別人自然不會因為你沒有幫忙而埋怨你。

記住，幫別人找退路的拒絕方法就是讓雙方都有臺階下，而不是以其他形式作為補償，不能幫忙解決A事情，卻答應能夠幫忙解決B事情。

(3) 沉默能幫你解決問題

如果直接用「不」字拒絕別人會擔心傷害情誼，用「不行啦」之類的語氣又會顯得矯情，那麼用沉默的方式拒絕，能夠幫你解決一些令你為難的事情。

關於用沉默拒絕的方法，還是身邊一個朋友教我的。有一次，我和她在外面吃飯時恰好接到一個高中同學打來的電話，同學說她準備結婚了，稍後會把時間地點等資訊傳到我手機。

掛掉電話後，我跟朋友吐槽：「我高中和這人的關係不是很好，也不知道對方從哪裡知道了我的電話。」正在我心煩時，朋友和我說：「遇見這樣的情況直接不搭理就好了，不用去參加婚禮，反正平時也沒什麼交情。」

朋友告訴我，生活中的很多事情，我們都能夠用沉默去解決。剛去新公司上班，別人結婚發請柬，如果不想去就不去；交情一般的人傳訊息向你借錢或者找你要紅包，也可以直接不搭理。沉默能夠化解直接拒絕的尷尬，也能夠幫你免除諸多的煩惱。

（4）語氣影響拒絕的效果

有時候，你拒絕別人的語氣影響著最後的結果。如果找你辦事的人是心直口快的性格，而你拖拖拉拉說得含混不清，很容易讓對方替你決定，你又不好意思二次拒絕，最後只得被動地選擇了接受。

面對這樣的情況，比較合理的處理方法就是用果斷、自信、篤定的語氣告訴對方：「不好意思，這件事情我幫不了，不過我可以幫你打聽。」關於職場上的拒絕，不需要去找太多理由，用言簡意賅的話語拒絕對方，聰明人自然會明白。

在拒絕時除了用堅定的語氣表達自己的感受外，態度一定要親切和藹，千萬不要話裡帶刺，畢竟少種刺、多栽花才是處世的原則。

學會拒絕，就是讓自己的生活更輕鬆，不用去做那些為難的事情影響自己的心情。

對於別人的要求，千萬不要先考慮對方再考慮自己。先為自己考慮，能幫忙就幫，如果感到為難或者的確幫不了，告訴對方自己愛莫能助，真正把你當朋友的人，也不會讓你感到為難。

電子書購買　　爽讀 APP

國家圖書館出版品預行編目資料

歲月漫長，你要閃閃發光：學會在愛與被愛裡找到平靜和力量，共同擁抱生命中的每個瞬間 / 沈善書 著 . -- 第一版 . -- 臺北市：崧燁文化事業有限公司 , 2024.04

面；　公分

POD 版

ISBN 978-626-394-179-3(平裝)

1.CST: 人生哲學

191.9　　113004138

歲月漫長，你要閃閃發光：學會在愛與被愛裡找到平靜和力量，共同擁抱生命中的每個瞬間

臉書

作　　者：沈善書

發 行 人：黃振庭

出 版 者：崧燁文化事業有限公司

發 行 者：崧燁文化事業有限公司

E-mail：sonbookservice@gmail.com

粉 絲 頁：https://www.facebook.com/sonbookss/

網　　址：https://sonbook.net/

地　　址：台北市中正區重慶南路一段六十一號八樓 815 室

Rm. 815, 8F., No.61, Sec. 1, Chongqing S. Rd., Zhongzheng Dist., Taipei City 100, Taiwan

電　　話：(02) 2370-3310　　**傳　　真**：(02) 2388-1990

印　　刷：京峯數位服務有限公司

律師顧問：廣華律師事務所 張珮琦律師

定　　價：350 元

發行日期：2024 年 04 月第一版

◎本書以 POD 印製

Design Assets from Freepik.com